Daniel Held

Ohne Zweifel selbstständig

Daniel Held

Ohne Zweifel selbstständig

Meine Heldenreise zum
erfüllten und erfolgreichen Freiberufler

© 2018 Daniel Held

Autor: Daniel Held, Online-Redakteur und Journalist
www.heldentexte.de
daniel@heldentexte.de
Umschlaggestaltung: Matthias Barth
Lektorat: Daniela Lukaßen-Held
Autorenfoto: Roman Bracht

Verlag: tredition GmbH, Hamburg
ISBN: 978-3-7439-6624-6 (Paperback)
ISBN: 978-3-7439-6625-3 (Hardcover)
ISBN: 978-3-7439-6626-0 (e-Book)
Printed in Germany

Bibliografische Information der Deutschen Nationalbibliothek:
Die Deutsche Nationalbibliothek verzeichnet diese Publikation in der Deutschen Nationalbibliografie; detaillierte bibliografische Daten sind im Internet über http://dnb.d-nb.de abrufbar.

Inhalt

Vorwort: Die Bedenkenträger aus dem Kopf kriegen

„Du willst dich selbstständig machen? Ist das nicht zu riskant?"
Oder: „Du weißt ja: selbst und ständig. Das ist dir schon klar ...?"
Was haben mich diese Aussagen schon vor der Gründung angestachelt! „Die meisten können das doch gar nicht beurteilen, weil sie nie selbstständig gearbeitet haben", dachte ich mir, „denen werde ich es schon zeigen ..."

Spätestens in Gesprächen mit meinen Kollegen merkte ich, dass nicht jeder mit solchen Bedenkenträgern so umgeht wie ich. Rasch wurde mir klar: Manch einer fühlt sich durch Sätze wie diese abgeschreckt. Und das bleibt nicht ohne Folgen. Schließlich enthält er unserer Gesellschaft vielleicht eine extrem gute Geschäftsidee vor, weil er seine Pläne vom Unternehmertum aus Angst vor dem Scheitern wieder verwirft. Und auch mich haben die Warnungen des Umfelds nicht gänzlich kalt gelassen, sondern immer wieder beschäftigt. So ganz ohne den Blick nach links und rechts und ohne diese Einwände ernst zu nehmen, wollte ich dann doch nicht in das Abenteuer Selbstständigkeit starten.

Als ausgebildeter Online-Redakteur hatte ich gerade nach zehn Jahren meine erste und bis dato einzige, sichere und bequeme Festanstellung gekündigt, als ich mich mit einem Kollegen über meinen Wunsch nach Freiheit sowie die Pläne und Aussichten meines Unternehmens unterhielt. Ein Gespräch, das mir zwei ebenso mögliche wie unterschiedliche Szenarien vor Augen führte.

Szenario eins: Ich würde völlig überarbeitet und ständig im Hamsterrad am Rande des Existenzminimums herumkrebsen und die Entscheidung bereuen. Nun, ich mag nicht abstreiten, dass das vielen schon passiert ist und auch mir hätte passieren können. Immerhin sind die Aussagen der Zweifler in den kompletten ersten drei Monaten nach der Gründung in meinem

Kopf herumgekreist. Bis ich sie dann endlich loswurde und dazu überging, alle weiteren bremsenden Äußerungen komplett zu ignorieren und nur noch mir selbst und meinen Überzeugungen zu vertrauen.

Als der Kollege mir damals Szenario zwei aufzeigte, sagte er mit einem Grinsen im Gesicht: „Oder du wirst als Freiberufler viel mehr verdienen als bisher und damit total glücklich sein." Die komplett andere Richtung also.

Wenn ich mich heute daran erinnere, weiß ich: Ich bin tatsächlich glücklicher denn je mit meiner beruflichen Situation. Das demotivierende Gefühl am Sonntagabend, an die nächste Arbeitswoche zu denken, hatte ich seitdem nie mehr. Stattdessen dominieren pure Leidenschaft, ständig neue Ideen, jede Menge Neugier und die Vorfreude auf das, was noch kommen wird.

Allen, die zweifeln und sich aufgrund anderer, die den Teufel an die Wand malen, gar nicht erst trauen, rate ich: Hört auf euer Bauchgefühl und vor allem auf euch selbst! Denn gesellschaftliche Denkmuster blockieren uns und verhindern Fortschritt. Die Gründer, die ihrem Ruf gefolgt und erfolgreich sind, beweisen, dass es geht. Auch ich musste enorm viel Arbeit investieren und Tiefen und Hindernisse überwinden. Aber das Gefühl, das einen täglich begleitet, ist es wert, diese Mühen auf sich zu nehmen.

Mir ist es dennoch wichtig zu betonen, dass die Selbstständigkeit nicht für jedermann das Richtige ist. Das habe ich im Laufe der Zeit feststellen können. Denn es ist eine sehr individuelle Frage und bedarf bestimmter Voraussetzungen und Vorbereitungen, die ich im Buch aufzähle. So wie ich es keinem pauschal empfehlen würde, sich anstellen zu lassen, so propagiere ich auch nicht: „Jeder sollte sein eigenes Unternehmen gründen!" Stattdessen möchte ich jene motivieren, die davon überzeugt sind, dass eine Selbstständigkeit der richtige Schritt für sie ist, den eigenen Weg mutig zu gehen und Hürden, die gesellschaftliche Zwänge vermeintlich schaffen, zu überspringen.

Spiegel-Gründer Rudolf Augstein sagte einmal: „Ein leidenschaftlicher Journalist kann kaum einen Artikel schreiben, ohne im Unterbewusstsein die Wirklichkeit ändern zu wollen."

So ist es auch bei mir: Ich möchte, und das ist mein Fokusthema als Journalist, dass Menschen mehr aus ihrem Leben machen. Denn ich habe selbst am eigenen Leib erfahren, was passiert, wenn man das nicht befolgt: Es tut einfach nicht gut. Jahrelang habe ich gegen meine eigene Identität gelebt. Selbst gestalten dagegen ist etwas Tolles. Es gibt wenig Schöneres als das Gefühl, diesen Stolz zu empfinden, weil etwas fertig und gelungen ist.

Auf meinem Weg zum erfüllten und erfolgreichen Freiberufler nehme ich den Leser mit auf meine persönliche Heldenreise, die zwei Jahre vor der Gründung beginnt und – wenn ich das Buch mit dem dritten Jahr der Selbstständigkeit abschließe – hoffentlich noch lange nicht endet. Dabei lege ich mein Augenmerk in erster Linie auf die emotionalen, mentalen und psychologischen Aspekte der Selbstständigkeit.

Das dritte Jahr: Angaben der KfW Bankengruppe zufolge bedeutet es für rund 30 Prozent aller Gründer das Aus (Quelle: Gründungsmonitor 2017). Hier trennt sich das erste Mal die Spreu vom Weizen. Zwei weitere Jahre später, also nach fünf Jahren Selbstständigkeit, noch einmal. Wie viele von den „Überlebenden" sich zu diesem Zeitpunkt gerade noch so über Wasser halten können, darüber lässt sich nur spekulieren. Die Zahlen selbstständiger Künstler und Publizisten jedenfalls sind ernüchternd: Ihr Durchschnittseinkommen auf Bundesebene beträgt nur 16.495 Euro (Stand: 01.01.2017, Quelle: Künstlersozialkasse).

Für alle, die es dennoch probieren wollen, die an sich und ihre Idee glauben und allen Unkenrufen zum Trotz in die Selbstständigkeit starten möchten oder schon gestartet sind, präsentiere ich im zweiten Teil dieses Buches meine eigene kleine Erfolgsformel. Ein allgemeingültiges Rezept gibt es nicht, und weil jede Lebenssituation anders ist und jeder Mensch eine eigene Persönlichkeit hat, kann ich hier nur sagen, was bei mir zum Erfolg geführt hat. In Teil drei lasse ich meine Wegbegleiter in der Selbstständigkeit zu Wort kommen. Sie erzählen von ihren Hürden und Freuden als Unternehmer.

Eines noch vorweg: Ich habe auf meiner Reise so viele nette Kollegen kennengelernt, die deutlich erfolgreicher sein könnten, wenn sie nur an einigen Stellschrauben drehen würden. „Das Richtige richtig tun", hat vor einiger Zeit SEO-Experte Felix Bauer auf einem Vortrag gepredigt. Oder: „Work smarter, not harder". So ist es. Es bringt nichts, ohne Unterlass zu ackern, wenn die Richtung nicht stimmt. Und auch für Gründer, bei denen es eigentlich ganz gut läuft, die aber hin und wieder mit Motivationsproblemen zu kämpfen haben oder auch einfach nur gerne Erfolgsstorys lesen und sich darin wiederfinden wollen, ist diese Lektüre möglicherweise Inspiration und Antrieb zugleich. Eines ist dieses Buch in jedem Fall nicht: ein allgemeiner und trockener Schritt-für-Schritt-Ratgeber von „Wie melde ich mich beim Finanzamt an" über „Welche Rechtsform sollte mein Unternehmen haben" bis hin zu „So funktioniert Buchhaltung". Davon gibt es auf dem Markt schon genug ...

Viel Spaß bei der Lektüre!

Köln, im April 2018   Daniel Held

1| Die Heldenreise von Heldentexte

1.1 Endlich mein eigener ~~Chef~~ Held!

D ie Vorgeschichte meiner Selbstständigkeit mit Heldentexte beginnt mit einem Knackpunkt Ende 2012. Ich arbeite seit acht Jahren bei einer Internet-Agentur in Köln und will neu durchstarten. Inhaltlich entsprechen meine Aufgaben nicht mehr dem, wofür ich brenne. In meinen ersten Berufsjahren, unter anderem während meines zweijährigen journalistischen Volontariats, sind meine Ansprechpartner auf Kundenseite noch die Mitarbeiter der Pressestellen mehrerer Fußball-Bundesligisten. Gemeinsam mit diesen betreuen wir die offiziellen Vereinsauftritte im Internet. Ein absoluter Traum für jemanden wie mich, der zu dieser Zeit regelrecht „fußballbekloppt" ist.

Ich weiß noch, wie mein Vater immer mit den Augen rollte und zu mir sagte: „Fußball, Fußball, Fußball – immer nur Fußball. Du denkst an nichts Anderes!" Mit meinen Kumpels zockte ich schon als Jugendlicher in der Halle. Ich genoss es, im Anschluss dilettantische Auftritte in selbst verfassten Spielberichten gnadenlos durch den Kakao zu ziehen und Spitzenleistungen ebenso metaphorisch wie völlig überzogen in den Fußball-Himmel zu loben. Sobald ich vom Spielen nach Hause gekommen war, fragten mich die Mitspieler – damals noch im Messenger-Chat von MSN – nach dem neuesten Artikel. Das Gelächter beim Lesen war groß.

Auch in der Arbeit als professioneller Sportjournalist für die Bundesliga-Klubs – zugegeben mit Vereinsbrille, da wir als Agentur den jeweiligen Klub natürlich möglichst in einem positiven Licht dar-stellen wollen – kann ich meine Leidenschaften Schreiben und Fußball voll zur Geltung bringen. Mit allergrößter Freude übernehme ich bereitwillig die Schichten in der Agentur. Minütlich schreibe ich für den Live-Ticker des 1. FC Nürnberg und anschließend die Spielberichte. In unserem Büro liefert uns der Fernseher die Bilder aus Bukarest, St. Petersburg, Lissabon und Co. Wir sind quasi live bei den großartigen Europapokalabenden unter der Woche und dem DFB-Pokal-Endspiel 2007 in Berlin dabei. Obwohl die Franken im Finale meinen Lieblingsverein und damals amtierenden Meister, den VfB Stuttgart, schlagen, kann ich mich für einen der größten Erfolge in der Vereinsgeschichte des Club mitfreuen.

Zum Feierabend stoßen Kollegen hinzu, die längst hätten zuhause sein können. Sie kommen in unser Büro und schauen ein bisschen mit uns zusammen das Spiel. Ein toller Zusammenhalt und kollektives Daumendrücken innerhalb der Agentur für den Verein, den sie betreut. Je später der Abend, desto leerer wird es. Bis schließlich nur ein kleines Team dort hockt. Noch heute erinnere ich mich gerne an diese Atmosphäre. Versenken Angelos Charisteas und Ivan Saenko völlig überraschend den Ball im Netz, schicken wir die Nachricht fast zeitgleich um die Welt. Sehr spannend sind auch die Interviews mit den Profi-Spielern, die wir manchmal live am Telefon führen. Mein Herz schlägt insbesondere dann höher, wenn ich ihnen etwas entlocken kann, was sonst noch nirgendwo vorher bekannt geworden ist.

Neben dem Schreiben ist es als Online-Redakteur auch meine Aufgabe, Webseiten für Kunden zu pflegen. Das bedeutet, dass ich den Inhalt von bereits bestehenden Websites in einem sogenannten Content-Management-System (CMS), zum Beispiel WordPress oder TYPO3, verändere. Technisch ist der Internet-Auftritt schon aufgesetzt, praktisch die Hülle, und nun werden Bilder, Texte und andere Medienelemente eingebunden, ausgetauscht und zu einer eigenen Seite zusammengebaut. Ich bin weder Programmierer noch Designer, sondern kümmere mich ausschließlich um die inhaltliche Bearbeitung der Websites. Es bleibt nicht bei einfacher Copy and Paste-Arbeit, sprich Text kopieren und im CMS einfügen, sondern ich kreiere mitunter komplexe Unterseiten mit verschiedenen Content-Elementen und Modulen. Viele, die mit dieser Materie nichts zu tun haben, können sich das schwer vorstellen. Oder sie denken, es müssten lediglich ein paar Bildchen ausgetauscht werden. Allerdings steckt mehr dahinter. Nicht allzu viele Online-Redakteure, die dazu die textliche Komponente als Schwerpunkt haben, kennen sich im Detail mit diesem technischen Part aus und schon gar nicht in so vielen CMS. Bis heute habe ich mit neun verschiedenen Systemen gearbeitet. Demnach finde ich mich schnell in neue ein und kann bei den mir bekannten meist sofort mit der Arbeit starten. In der Agentur kommt in meinen Projekten in der Regel ein bestimmtes System zum Einsatz, sodass ich routiniert im Umgang damit bin. Ich liebe diese Kombination aus journalistischem Schreiben und redaktioneller Betreuung von Internet-Auftritten. Zudem organisiere und moderiere ich einen Arbeitskreis von einem Dutzend festangestellter Redakteure, die sich um das Lektorat, also die inhaltliche, sprachliche und orthografische Überarbeitung von Präsentationen und allen anderen Texten, die für Kunden bestimmt sind, kümmern. „Wie macht ihr das, was würdet ihr korrigieren, auf welche Standards einigen wir uns, wenn Wörter laut Duden auf verschiedene Arten geschrieben werden können?" Das sind Fragen, die uns in dieser Runde beschäftigen. Ich kann mir vorstellen, ewig so weiterzumachen.

Doch die Zeiten ändern sich.

Denn in der Agentur werden aus Sportkunden Handelskunden. Und aus journalistischem Texten wird werbliches Texten. „Tomaten diese Woche für nur 99 Cent" – es sind Texte wie diese, die meine Arbeit von da an hauptsächlich prägen. In dieser Kombination ist es nicht mehr das Richtige für mich. Ich fühle mich wie ein Porsche in der 30er-Zone. Etwas, das viele journalistisch ausgebildete Texter kennen. Den Sinn, den ich mir in meiner Arbeit wünsche, finde ich hier nicht mehr wieder. Außerdem fühle ich mich in meiner Selbstbestimmung und Flexibilität einschränkt. Sämtliche meiner Versuche, für Veränderungen zu sorgen, die mich zufriedenstellen, verpuffen. Nach so vielen Jahren bei einem einzigen Unternehmen will ich mehr von der Welt sehen: andere Projekte, andere Umgebungen, andere Kunden, andere Aufgaben. Ich arbeite bereits in Teilzeit. Erst habe ich mein Wochenpensum von fünf auf vier Tage reduziert, dann von vier auf drei. Und ich sammelte erste nebenberufliche Erfahrungen. Dennoch, seit längerer Zeit schaue ich mich nach einer beruflichen Alternative um. Doch noch ist einfach nichts Passendes dabei gewesen.

Das aussichtsreiche Vorstellungsgespräch

Ende 2012 ergibt sich plötzlich eine erstklassige Möglichkeit: Ich bewerbe mich für eine Stelle bei Deutschlands größtem und bekanntesten Tischtennis-Portal – und werde zum Vorstellungsgespräch gebeten. Es gibt neben mir noch drei weitere Bewerber in der Endauswahl. Da ich zu dem Zeitpunkt bereits seit 20 Jahren selbst Tischtennis auf recht gutem Niveau spiele, mich also mit dem Thema auskenne, und dazu noch viele Jahre Berufserfahrung aufweise, rechne ich mir gute Chancen aus. Ich schreibe eine Probearbeit und soll dazu eine Tischtennis-Nationalspielerin anrufen und interviewen. Aufregend! Ein Porträt habe ich lange nicht mehr verfasst. Ich frage mich: Wie wird das Gespräch mit ihr wohl laufen? Ist sie in ihren Antworten forsch oder eher scheu? Nach ein paar Mal klingeln, nimmt sie ab. Sie ist freundlich. Wir unterhalten uns eine halbe Stunde lang. Dann lege ich auf und forme den Rest des Tages das Gesagte zu einer Geschichte. Es ist Freitag. Abwarten und Hoffen ist angesagt, nachdem ich den Artikel verschickt habe. Ich weiß, dass ich Anfang kommender Woche Bescheid bekommen werde und bin gespannt auf die Entscheidung. Mit meinem Text bin ich ganz zufrieden.

Und der Geschäftsführer hält Wort: Schon am Montag ruft er mich tatsächlich an. Ich bin gerade in der Agentur, für die ich noch festangestellt arbeite, und laufe raus vor die Türe, um ungestört sprechen zu können. Von meiner Bewerbung bei dem Portal weiß hier niemand etwas. Der Geschäftsführer teilt mir recht schnell mit, dass er sich für mich entschieden hat, weil er glaubt, dass es gut passt. Ich freue mich diebisch. Eine tolle neue Aufgabe!

Die ausgeschriebene Stelle ist für 20 Stunden angesetzt. Dass ich beide Tätigkeiten miteinander verbinden kann, einen Brot- und Butter-Job bei der Agentur habe und einen, für den mein Herz schlägt, das ist mein Wunsch. Ich bin enthusiastisch und male meine berufliche Zukunft in den buntesten Farben aus: Ich habe finanziell einen Sprung gemacht, nehme in zwei Unternehmen viele Erkenntnisse und Erfahrungen mit, bearbeite unterschiedliche Themen und gewinne neue Kontakte. Super!

Doch daraus wird nichts.

Am selben Tag kommt in einem weiteren Telefonat mit dem Geschäftsführer heraus: Der neue Job erfordert mehr Präsenz, als ich bieten kann. Als wir besprechen, an welchen Tagen ich vor Ort arbeiten kann, zerfällt das Kartenhaus mit einem Schlag. Ich habe an zwei Tage plus Wochenendarbeit oder zweieinhalb Tage gedacht, er ist von vier Tagen ausgegangen. Und schon drei sind zu viel für mich, um beide Tätigkeiten unter einen Hut zu bekommen. Das heißt: Selbst seine Schmerzgrenze übersteigt für mich das Machbare. Das gibt es doch nicht. Jetzt scheitert es an so etwas! Bevor ich den Job antrete, muss ich ihn also selbst wieder absagen. Wohl oder übel. Eine riesige Enttäuschung für mich, schließlich hätte es perfekt gepasst. Jetzt, wo sich schon Aufbruchstimmung in mir breitgemacht hat und ich mich so sehr auf die neue Herausforderung gefreut habe. Doch nichts da! Wie Seifenblasen zerplatzt die Option. Damit muss ich nun klarkommen.

Es ist kurz vor Weihnachten. Kein guter Zeitpunkt für eine solche Entscheidung. Und über die Weihnachtsfeiertage lasse ich sie sacken. Während die Familie beim Kaffeetrinken über dieses und jenes spricht, lacht und in Weihnachtsstimmung ist, grüble ich. Pünktlich zum Jahresbeginn 2013 bereue ich meinen Rückzieher so sehr, dass ich nahezu verzweifelt bin. Und das jeden Tag. Ich mache meinen besten Kumpel verrückt und mich selbst am allermeisten. „Hätte ich doch nur, dann"-Sätze werden zum ständigen Begleiter.

Warum habe ich meinen bisherigen Arbeitsplatz nicht einfach komplett aufgegeben, frage ich mich. Dabei kenne ich die Antwort selbst am besten: weil es einen Verlust an Sicherheit bedeutet hätte. Mit dem 20-Stunden-Job allein wäre ich zwar finanziell auch irgendwie über die Runden gekommen, aber zwei halbe Engagements sind noch besser. Stimmen aus dem Umfeld haben mir diesen Weg empfohlen – und ich habe mein eigenes Bauchgefühl ignoriert.

Der Schein nach außen und das Sein nach innen, sind zwei verschiedene Paar Schuhe. Für den Betrachter mag das Bild eines guten, sicheren Jobs oder einer besonders guten Bezahlung ein vollkommen gelungenes sein. Doch blickt man hinter die Fassade, stellt man fest: Die Wahrheit steckt oft im Detail. Und obwohl der Job vermeintlich gut ist, fehlt etwas.

Daher beginne ich langsam umzudenken: von wegen Sicherheit! Ich will endlich wieder aufblühen, wenn ich morgens zur Arbeit gehe. So wie im ersten Jahr meiner beruflichen Laufbahn, als ich jeden Tag total begeistert, euphorisiert und motiviert nach Hause kam. Stattdessen baut sich nun schon seit längerem ein Widerstand in mir auf. Sonntags habe ich Magenschmerzen – der Klassiker. Ich kann das Wochenende nicht genießen, weil mir der Montag Kummer bereitet. Ein Zustand, der immer schlimmer wird.

Dass es so nicht weitergehen kann, weiß ich. Zwei Wochen nach meinem Rückzieher möchte ich alles auf eine Karte setzen. Ich bin nun doch dazu bereit, meinen bisherigen Job aufzugeben! Was mein Umfeld darüber denkt, ist mir in diesem Moment egal. Es geht jetzt darum, was ich brauche und was mir guttut. Basta! Ich melde mich beim Geschäftsführer des Tischtennis-Portals und teile ihm meine Entscheidung mit. Doch meine Hoffnung hält nicht lange. Der Geschäftsführer hat die Stelle zwischenzeitlich mit einem anderen Bewerber besetzt. Für mich bricht eine kleine Welt zusammen.

Kurz darauf passiert auch privat etwas, das mir komplett den Boden unter den Füßen wegreißt. Ich falle in eine tiefe Krise. Ich muss raus. Das ist mir recht schnell klar. Den Kopf freibekommen, andere Gedanken fassen und einiges für mich sortieren. Ich mache ein zweimonatiges berufliches Sabbatical, das mir mein Arbeitgeber freundlicherweise gestattet. Die Jobs, die ich in dieser Zeit annehme, um finanziell über die Runden zu kommen, sind völlig andere als der, den ich sonst mache: Zum einen kommissioniere ich Zeitschriften – das heißt, ich bereite sie für den Versand vor, indem ich sie in entsprechende Boxen einsortiere – und zum anderen übernehme ich für eine Apotheke den Botendienst. Acht Wochen lang ziehe ich das durch. Kein finanzielles Zuckerschlecken. Für so wenig Geld habe ich in meinem Leben noch nie gearbeitet. Doch die völlig andere Art zu arbeiten, rein körperlich und nicht geistig, gefällt mir und ist das Beste für mich in dieser Situation.

In sehr kurzer Zeit ist mein Leben um 180 Grad auf den Kopf gestellt. Nichts ist mehr, wie es einmal war. Ich benötige einige Wochen und Monate, um zu realisieren, was gerade passiert ist. Und ich fühle genau das, was Ali Mahlodji, einst Flüchtling und Schulabbrecher, dann internationaler Unternehmer, in seinem Buch „Und was machst du so?" beschreibt: „Kennt man nur ein Leben voller

Sicherheiten, stürzt man bei Unsicherheit ins Bodenlose. Kennt man allerdings die Unsicherheit als Konstante des Lebens, trifft es einen nicht so schwer, wenn sich die eigene Welt plötzlich verändert." Ich habe das Gefühl, nichts mehr verlieren zu können. Ab diesem Wendepunkt gehe ich tatsächlich anders mit Veränderungen in meinem Alltag um. Mahlodji sagt dazu: „Leider reagieren die meisten Menschen bei neuen Informationen oder der Veränderung einer bestehenden Situation mit Ablehnung und Misstrauen. Mein Vater ermutigte mich jedoch, diese ‚Angebote und Geschenke der Welt' [...] zu umarmen und mich zu fragen, was sie mir sagen möchten." Genau – alles im Leben ist für etwas gut. Und auch bei diesem Statement pflichte ich Mahlodji bei, der sagt: „Solange man sein eigenes Tun hinterfragt und sich immer wieder neu erfindet, gibt es fast keine Hürde, die man nicht nehmen kann." Mein späterer Weg wird exakt das beweisen.

Drei konkrete Fragen an meine Kollegen

Die Unterstützung meines Arbeitgebers ist in dieser Phase groß, wofür ich ihm heute noch sehr dankbar bin. Doch eine kurze Auszeit wie das zweimonatige Sabbatical reicht mir nicht aus. Ich muss auch darüber hinaus etwas ändern. Dringend. Also bemühe ich mich um andere Möglichkeiten. Und tatsächlich: Im Sommer darf ich endlich wieder das machen, wonach ich mich so sehne: meine journalistische Ader und meine zahlreichen Fähigkeiten ausleben. Ein anderes bekanntes Online-Portal im Tischtennis hat mir eine kleine Stelle angeboten, die ich sogar neben meiner Arbeit in der Agentur stemmen kann. Die willkommene Abwechslung zu meinem dortigen Job ist gefunden. Meine Kollegen freuen sich für mich und ich bin beseelt von den Möglichkeiten, die sich mir bieten.

Die ersten Monate machen mir sehr viel Spaß. Wie bei den Fußball-Bundesliga-Klubs interviewe ich nun auch regelmäßig Spitzensportler – nur eben jetzt Tischtennis-Profis. Total inspirierend sind meine Gespräche mit einem Sport-Psychologen und einem Schiedsrichter – was man dabei noch so alles über seinen Lieblingssport lernen kann ...

Nach vier Monaten jedoch ist mir die Zusatzbelastung zum Hauptjob auf Dauer zu groß. Ich arbeite teilweise an sechs, manchmal sogar an sieben Tagen in der Woche und verfolge mitunter fünf

Tischtennis-Spiele gleichzeitig auf zwei Monitoren. Das Pensum ist enorm und ein Ende der Fahnenstange nicht in Sicht. Ich merke: Es geht nicht mehr, ich muss mich wieder von diesem Job trennen – und gebe auf.

Noch immer belastet mich die private Situation. Ich muss viele Dinge klären und bin zusätzlich gestresst. Gleichzeitig registriere ich, wie sehr ich durch das Tal persönlich dazugelernt habe und daran gewachsen bin. In den folgenden Monaten fange ich an, mir regelmäßig Feedback auf Metaebene einzuholen – in Seminaren und später auch von rund einem Dutzend meiner Arbeitskollegen. Insbesondere von Menschen, von denen ich weiß, dass sie kritisch und unbequem sind. Ich möchte die Augen nicht verschließen, sondern der Wahrheit entgegenblicken. Genau beobachte ich andere und mache eine Art Standortbestimmung im Koordinatensystem: Wie wirke ich, wie machen es andere, was kann ich von ihnen adaptieren, aus welchen Fehlern kann ich von ihnen lernen, was mache ich selbst schon gut? Was sind meine bisher größten Erfolge, was zeichnet mich aus?

Nach und nach knüpfe ich mir meine Kollegen vor und bitte sie zu einem kurzen Einzelgespräch. Ich stelle ihnen ganz konkret drei Fragen: Welche Eigenschaften (1) und welche Stärken und Schwächen (2) nehmt ihr bei mir wahr und was glaubt ihr, ist mir am Arbeitsplatz wichtig (3)?

Die Bereitschaft des Umfelds, offen und ehrlich auf meine Fragen einzugehen, ist groß. Das freut und überrascht mich gleichermaßen. Und über den unheimlich wertvollen und interessanten Input hinaus, den ich aus den Dialogen ziehe, bemerke ich, dass ich durch meine mutige Initiative auch die Beziehung zu meinen Gesprächspartnern vertiefe. Eine Kollegin merkt mitten in der Konversation an, dass sie mit ihren Antworten mehr über sich selbst aussagt als über mich. Auch für den Feedbackgeber ist dies eine lehrreiche Situation, stelle ich fest. Und eine Person bedankt sich im Nachgang unseres Gesprächs dafür, was sie über meine Denkweise gelernt hat. Das finde ich bemerkenswert. Von der Persönlichkeitsstruktur ticken wir vollkommen konträr.

Es ist die Zeit der eingehenden Selbstreflexion: Sehr oft setze ich mich in Ruhe hin und denke nach, um auf eine neue Erkenntnis zu stoßen, die ich weiterspinnen kann. Ich tippe alles direkt in mein Handy oder

Laptop ein, bevor ich es vergesse. Und ich verfeinere es, wenn ein neuer Gedanke dazukommt. Das hilft mir dabei, noch genauer herauszufinden, wie ich leben möchte, welche Ziele ich erreichen will und wie ich konsequent die Spreu vom Weizen trennen kann. Monatelang, nein, jahrelang beschäftige ich mich mit solchen Gedankenspielchen und drehe jeden verdammten Stein in meinem Leben um. Später kommt mir das extrem zugute. Mit einem Haushaltsbuch, das ich zwei Jahre lang führe, überprüfe ich alle meine privaten und beruflichen Ausgaben und Einnahmen, um konkrete Zahlen vorliegen zu haben, wie viel Geld ich zum Leben benötige und wohin es wandert, wenn ich es investiere.

Ich fange an, unzählige Bücher zu verschlingen und weiß spätestens jetzt ganz präzise: was mir große Freude bereitet, was ich brauche, um meine Ziele zu erreichen und was mich aktuell noch daran hindert, warum ich auf bestimmte Situationen besonders reagiere und was ich auf keinen Fall möchte. Und obwohl ich mir abschaue, was andere besser können, vergleiche ich mich nicht. Zumindest nicht in der Hinsicht und Konsequenz, dass ich mich deswegen schlechter fühle oder schlechter mache. Oder, um es in den Worten der Buchautoren Anja Förster und Dr. Peter Kreuz zu sagen: „Der einzig wichtige Vergleich ist das, was wir tun, mit dem zu vergleichen, wozu wir fähig sind." (Quelle: „Zündstoff für Andersdenker") Jeder hat seine Geschichte, seinen Weg – und ich werde meinen gehen.

Die Kündigung

Mittlerweile schreiben wir das Jahr 2014 und es keimt der Gedanke an den Traum einer hauptberuflichen Selbstständigkeit in mir auf. Mein eigener Chef sein, über die eigene Zeit und den Arbeitsort alleine bestimmen, Projekte, Kunden und Kollegen mehr oder minder selbst auswählen und das Unternehmen aufbauen, ausbauen und auf Kurs halten – all dies reizt mich ungemein. Bereits 2009 wollte ich diesen Versuch schon wagen, doch ein Branchenexperte hatte mir wegen der damals schlechten Auftragslage davon abgeraten. Nun ist die Situation zumindest für mich persönlich eine andere: Ich besitze viel mehr Kontakte und bin deutlich gereift. Ich bin voller Überzeugung, dass ich der Typ für eine Selbstständigkeit bin und es schaffen werde. Angst habe ich keine. Definitiv nicht. Viele, denen ich von meinem Plan erzähle, sind jedoch skeptisch und warnen mich. „Also bei mir hat das damals nicht geklappt. Ich drücke dir natürlich die Daumen, dass es bei dir anders ist!" oder „Was ist, wenn das schiefgeht?", sind nur zwei der pessimistischen Antwortalternativen, die ich zwar zur Kenntnis nehme, die aber nullkommanull Einfluss auf meine Entscheidung haben. Ich möchte es wagen und endlich wieder das machen, was mich erfüllt. „Höre Menschen, die dir helfen wollen, gut zu. Doch hinterfrage alles und überlege, ob das auch für dich und die heutige Zeit gilt", das gibt der Vater dem Autor des Buches „Und was machst du so?", Ali Mahlodji, auf den Weg. „Wenn du wissen willst, was da draußen in der Welt wirklich vor sich geht und welche Möglichkeiten dir offenstehen, dann geht das nur, wenn du dich in Bewegung setzt, da rausgehst und es für dich selbst ausprobierst."

So ganz locker nehme ich es dann zugegeben aber doch nicht. Ich habe Respekt vor diesem Schritt, aber ich beruhige mich selbst: Zum einen ist die Entscheidung nicht automatisch eine für die Ewigkeit und zum anderen finde ich: Wer nichts wagt, der nicht gewinnt. Warum sollte es nicht auch super laufen und mich total zufriedenstellen? Schließlich kann es so oder so ausgehen. Meine finanziellen Rücklagen, die ich mir als Angestellter erarbeitet habe, verleihen mir darüber hinaus eine gewisse Lockerheit, falls die Anfangszeit eine Durststrecke werden sollte. Und anders als beispielsweise ein gewerblicher Ladenbesitzer muss ich als Freiberufler keine großen Anfangsausgaben tätigen. Meinen Laptop etwa habe ich von meinem früheren Arbeitgeber gegen meine letzten Urlaubstage eingetauscht. Warum also Angst haben? Ich trete mit einem Fuß nach vorne und schaue, was mich in der ungewissen Zukunft erwartet. Und ich weiß, ich werde gut vorbereitet sein und auf meine Kompetenzen und Fähigkeiten vertrauen können. Das genügt mir! Einen Schritt gehen, die grobe Marschrichtung kennen und dann alles geben. Es muss nicht immer alles minutiös geplant und abgesichert sein, und es ist auch nicht alles ein für alle Mal festgelegt. Das habe ich in meinen schwierigen Zeiten gelernt. Auf dem Weg werden sich von alleine weitere Möglichkeiten auftun – umso mehr, je häufiger man Dinge ausprobiert und Optionen schafft. Die große Lust auf das Abenteuer ist da – nur der letzte Stupser fehlt noch.

Den bekomme ich dann aber recht schnell. Über die Business-Plattform Xing trete ich in Kontakt mit Ursula Neumann. Sie ist Unternehmensberaterin und hat gesehen, dass ich ihr Profil besucht habe. Sie schreibt mich an, macht mich damit neugierig, sie kennenzulernen und wir treffen uns. Im persönlichen Gespräch nimmt sie mir meine letzten Restzweifel. „Man kann natürlich nicht die Zukunft vorhersehen", sagt sie und bleibt stets realistisch. Auch deshalb fühle ich mich bei ihr gut aufgehoben. Sie ist kompetent, weiß Bescheid und hat schon viele Gründer auf ihrem Weg begleitet. Ich erzähle ihr, dass alles in mir danach schreit, es zu probieren und dass sich der Gedanke, zu gründen, für mich gut anfühlt, weil ich von mir selbst und meinem Können überzeugt bin. Ihre Reaktion bestätigt mich. „Ja, dann müssen Sie es machen!", sagt sie. In den folgenden Monaten bereitet sie mich perfekt auf meine Unternehmung vor: Ihre Beratung, die zur Hälfte vom Beratungsprogramm Wirtschaft NRW (BPW) gefördert wird, hilft mir dabei, meine Entscheidung für die Selbstständigkeit auf Basis einer soliden und realitätsnahen Planung zu treffen. Wir prüfen kritisch meine Geschäftsidee und meine Positionierung und sie berät und begleitet mich bei der schriftlichen Ausarbeitung meines Unternehmenskonzeptes. Wesentliche Themen sind dabei die Definition meiner Zielgruppe, meiner Angebotspalette, die Preisgestaltung, eine SWOT-Analyse (Strengths, Weaknesses, Opportunities, Threats) hinsichtlich meiner Stärken und Schwächen, die Rahmenbedingungen wie Versicherungen und Krankenkasse sowie die finanziellen Planungen auf Grundlage meiner Ausgaben und zu erwartenden Einnahmen.

Meine Vorfreude auf das Projekt Selbstständigkeit wächst mehr und mehr. Der Entschluss steht: Ich werde gründen! Und ich ziehe es gnadenlos durch. Mit allen Konsequenzen, die das mit sich bringt. Wohlwissend, dass einiges auf der Strecke bleiben kann und dass ich auch Abstriche hinnehmen muss. Zum Beispiel, was den sicheren monatlichen Gehaltsscheck betrifft. Und mir ist bewusst, dass nicht jeder meine Entscheidung nachvollziehen kann, den ausgetretenen, aber vermeintlich sicheren Pfad zu verlassen und mein eigenes Ding zu machen. Doch ich bin fest entschlossen und lasse mich voll darauf ein.

Mich kann nun nichts mehr aufhalten. Im Sommer 2014 reiche ich meine Kündigung ein. Mit meiner damaligen Freundin recherchiere ich erst einmal, wie so ein Schreiben auszusehen hat und kann es zeitweise selbst kaum glauben, dass ich diesen großen Schnitt vollziehe. Aber ich weiß: Es ist gut so und deshalb schaue ich weiter nach vorne statt in den Rückspiegel.

Mein Chef ist überrascht von meiner Entscheidung, kann sie aber nachvollziehen, weil er weiß, in welche Richtung ich mich entwickeln möchte. Er bedauert, dass ich das Unternehmen verlasse. Für mich aber ist es ein erleichterndes Gefühl. Schließlich bin ich nun frei und freue mich auf eine neue Ära.

Eine andere ist gerade zu Ende gegangen: Auf den Tag genau zehn Jahre habe ich bei meinem ersten und einzigen Arbeitgeber verbracht. Ich schaue positiv und dankbar zurück und feiere mit den Kollegen in Erinnerung an die vielen gemeinsamen Erlebnisse feuchtfröhlich meinen Abschied. Bis heute arbeite ich mit der Agentur vertrauensvoll zusammen. Nur eben jetzt als Freiberufler.

Amtsgänge und Corporate Identity

Die Monate Oktober, November, Dezember sind gefühlt die stressigsten in meiner gesamten Karriere. Die Vorbereitung auf die Selbstständigkeit hält mich voll auf Trab: Ich schreibe meinen Businessplan und besuche Ämter, um alles für den Start zu regeln. Meine Aufnahme in die Künstlersozialkasse (KSK) bedarf zahlreicher Schriftwechsel und sechs (!) Monate Anlaufzeit. Der Staat ermöglicht selbstständigen Künstlern und Publizisten mit der KSK einen ähnlichen Schutz in der gesetzlichen Sozialversicherung wie Arbeitnehmern und erkennt damit ihre schöpferische Kraft für die Gesellschaft an. Eine tolle Sache! Weitere Versicherungen wie die Berufshaftpflicht kommen hinzu und ich stoße verschiedene Kooperationen an. Es sind andere freie Kollegen mit ähnlichen Erfahrungen und Qualifikationen, auf die ich zählen kann. Gegenseitig spielen wir uns Aufträge zu, warnen uns vor den schwarzen Schafen unserer Branche und stemmen Projekte gemeinsam. Für den Kunden hat das auch Vorteile: Wenn ich als sein Dienstleister krank ausfallen sollte, ist die Erledigung der Arbeiten trotzdem sichergestellt. Und auch größere Kontingente, zum Beispiel für pflegeintensive Intranet-Projekte, kann ich so für den Auftraggeber leisten. Wichtig bei diesen Partnerschaften ist mir nur, dass wir weiterhin alle wirtschaftlich unabhängig voneinander arbeiten. Denn die ökonomische Verantwortung für mich alleine genügt mir am Anfang.

Für meine eigene Website heldentexte.de schreibe ich die Texte selbst, was mir leichtfällt und welche mir in der Endfassung sehr gut gefallen. Ich konzipiere Navigation und Seiteninhalte und lege das minimalistische Theme, die grafische Oberfläche, fest. Die technische Umsetzung lasse ich von wechselnden Partnern machen, die sich besser damit auskennen und wodurch ich Arbeit spare, um meine Zeit anderweitig einzusetzen. Bei der Erstellung meiner Visitenkarten und auch meines Logos unterstützt mich Matthias Barth, mein Design-Kompagnon aus München. Auf ihn bin ich schon einige Zeit zuvor durch seine interessanten Artikel aufmerksam geworden, die er regelmäßig in seinem Blog veröffentlicht, sodass ich ihn anschrieb und fragte, ob wir uns mal treffen wollen. Nach einem persönlichen Gespräch in München beschlossen wir, miteinander zu kooperieren. Matthias hat tolle kreative Einfälle zur Gestaltung, setzt einen QR-Code auf die Rückseite meiner Visitenkarte, damit jeder diese mit seinem Smartphone scannen kann, platziert ein Foto von mir für einen noch persönlicheren Eindruck und realisiert bis zum Druck alles wunderbar für mich.

Doch es gibt noch vieles mehr zu tun: Ich lese Websites und Blogs, informiere mich über Themen, die mich mittelbar und unmittelbar betreffen – wie zum Beispiel Suchmaschinenoptimierung – und besuche Workshops, um mein vorhandenes Wissen um weitere Nuancen anzureichern, zu veredeln und zu konsolidieren. Auf dem neuesten Stand zu sein und über jüngste Entwicklungen informiert zu sein, ist in meinen Augen essentiell! Das Gleiche gilt aber auch für die Umsetzung. Nur passiv konsumieren, bringt gar nichts. Also übertrage ich das Theoretische direkt ins Praktische und setze es um. Besonders inspirieren mich die Bücher von Förster und Kreuz sowie von Catharina Bruns. Unter den Blogs kann ich definitiv den von Matthias Barth empfehlen – *startworks.de* – speziell für Texter den Lettersblog – *lettersblog.de* – und *frau-frei-und.de* insbesondere für Gründerinnen.

Im Kölner Umfeld finden zahlreiche interessante Veranstaltungen für Gründer statt: das Neue Unternehmertum Rheinland, kurz NUK, bietet zum Beispiel Coaching-Abende an, bei denen Gründer sich in Marketing-, Rechts- und Steuerfragen von Experten kostenlos beraten lassen können. Oder Businessplan-Wettbewerbe, bei denen man selbst gewinnt, wenn man nicht gewinnt – nämlich konstruktives und ausführliches Feedback zur Geschäftsidee. Die Industrie- und Handelskammer Köln wartet jedes Mal wieder mit spannenden Vorträgen wie dem vierstündigen

Existenzgründerseminar und Podiumsdiskussionen auf. Und beim Startup-Breakfast von Web de Cologne lerne ich ebenso Medienkollegen wie Startups und sogar neue Kunden kennen. Die Kontakte füge ich immer gleich auch bei Xing hinzu und pflege die Beziehung fortan dauerhaft – auch offline. Oft ergibt sich daraus später etwas. Und wenn es nur ein netter oder nützlicher Austausch ist.

Kurzum: Ich bin voller Euphorie. Die neue Unternehmerwelt ist sehr vielfältig und kurzweilig, fordert einen aber gleichzeitig auch sehr. Den Grundstein für den Erfolg, der in den nächsten Jahren auf mich einprasselt, lege ich jetzt und hier – durch systematische und harte Arbeit. Mit den steigenden Anforderungen geht so langsam auch ein Mentalitätswechsel einher: Denn ich bin jetzt Unternehmer. Und da werden zum Beispiel viel höhere Summen eingenommen und ausgegeben als im Falle einer Privatperson. Ich bin nicht mehr privat unterwegs, sondern geschäftlich: Berufliche Veranstaltungen sind kein Freizeitvergnügen oder privater Zeitvertreib. So selbstverständlich wie das klingt: Ich muss es mir dennoch erst bewusst machen ...

Zentraler Punkt: die Positionierung

Meine Positionierung habe ich zu diesem Zeitpunkt schon in Stein gemeißelt: Ich möchte vorrangig für Unternehmen tätig sein, die mit ihrer Arbeit dazu beitragen, die Welt grüner, gesünder und lebenswerter zu machen. Das heißt, ich schreibe Texte über den gesellschaftlichen Wandel und beleuchte diesen unter verschiedenen thematischen Aspekten: Umwelt, Psychologie, Gesundheit und Sport. Und zwar ganz alltagsbezogen. Krisen-Nachrichten und andere negative News, die bei uns nur Entsetzen, Angst und Resignation bewirken, sind nicht mein Ding. Ich möchte konstruktiv dazu beitragen, dass meine Leser ganz praktisch und selbstständig Veränderungen in ihrem Leben erreichen können, indem ich ihnen inspirierende Wege zur Verbesserung ihrer Situation aufzeige und ihnen Unternehmen, Modelle und Produkte vorstelle, die als Vorbild und ermutigende positive Perspektive dienen können. Konstruktiver Journalismus eben.
   Wie es kommt, dass ich mich auf ökologische Nachhaltigkeit und menschliche Werte – Megatrends der Zukunft – spezialisiere? Ganz

einfach: aus meiner Vergangenheit und Erfahrung heraus, und weil mich diese Themen am meisten interessieren und ich mich dort am besten auskenne. Auch durch zahlreiche Weiterbildungen und Seminare, die ich belegt und Literatur in allen möglichen Medien, die ich regelmäßig wissensdurstig verschlungen habe.

Verantwortung gegenüber unserem Planeten habe ich schon früh verspürt und bald nach allen möglichen Energiespartipps im Netz recherchiert, weil ich der Meinung bin, dass wir mit viel weniger auskommen können, ohne uns allzu sehr einschränken zu müssen. Wenn wir intelligenter vorgehen, müssen wir nicht einmal verzichten. Das Beispiel Carsharing zeigt es! Ich möchte betonen, dass es mir nicht darum geht, dass wir eine radikale und asketische Lebensweise pflegen, sondern unseren Alltag mit Sinn und Verstand bestreiten, um die Welt clever zu verändern.

Mein Wunsch, zu arbeiten und zu leben, ohne dass das auf Kosten anderer geschieht, ist bis heute geblieben: Echten Ökostrom beziehe ich von den EWS Schönau, die den Vormarsch der erneuerbaren Energien vorantreiben. Meine Bankkonten liegen heute bei der Triodos Bank, die ausschließlich Unternehmungen finanziert, von denen Mensch und Umwelt profitieren – wie etwa durch nachhaltige Immobilienprojekte oder innovative Schul- und Pflegeheimkonzepte.

Mit zunehmenden Buchungseingängen hilft mir die strikte Trennung von Privat- und Geschäftskonto übrigens dabei, den Überblick über meine Finanzen zu bewahren.

Für meine Recherchen nutze ich die Internet-Suchmaschine Ecosia. Sie spendet große Teile ihrer Einnahmen an gemeinnützige Naturschutzorganisationen, sodass mittlerweile mehr als 25 Millionen Bäume gepflanzt werden konnten.

Ja, die Umwelt liegt mir sehr am Herzen, ein extremer Öko bin ich allerdings nicht. Vor allem finde ich es spannend, wie wir die ökologischen Anforderungen heute mit ökonomischen Aspekten geschickt vereinbaren können.

Und ich möchte, dass wir mehr aus unserem Leben machen. Immer mehr Menschen merken, dass sie größtenteils fremdbestimmt sind. Auch durch das Schulsystem geprägt, haben wir verlernt, selbst zu denken, kindlich-neugierig Fragen zu stellen und eine Vorstellungskraft zu entwickeln für Dinge, die wirklich möglich und so ganz anders sind, als das, was wir bisher kennen. Etwas, das außerhalb unseres imaginären Kosmos liegt. Wir machen den Kardinalfehler und schließen häufig von uns selbst auf andere. Wir hören anderen nicht aktiv bis zum Ende zu. Unsere ständigen Begleiter sind Angst, Druck, Frustration, blockierende Denkmuster, Macht- und Hilflosigkeit sowie Schuldzuweisungen. Wir befinden uns in einer Zeit, in der immer mehr Leute begreifen, dass es so nicht weitergehen kann.

Machen wir uns frei und übernehmen Verantwortung für ein vielfältiges, aufregendes und selbstbestimmtes Leben! Proaktiv Lösungen finden, mitdenken und auf ein empathisches Miteinander achten – das sind meine Antreiber für eine positive Veränderung. In meinen Ratgebertexten und Stories möchte ich Aufklärungsarbeit leisten. Und ich will mich durch lösungsorientierten Journalismus mit der Frage beschäftigen, wie ein modernes Zusammenleben aussehen kann. Eine Zukunft, in der wir umweltbewusst konsumieren und mit digitalen Hilfsmitteln kompetent und ressourcenschonend umgehen, während wir das analoge Kommunizieren und alles um die digitalen Geräte herum nicht vergessen und verlernen. Eine Zukunft, in der wir auf Augenhöhe, mit Verständnis und Respekt für andere und mit besserer Selbstorganisation arbeiten, uns fortschrittlich und gesundheitsfördernd fortbewegen und ein Bildungssystem entwickeln, das Spaß und Sinn macht und uns auf die wirklichen Herausforderungen im Leben vorbereitet.

Was haben wir denn damals gelernt in der Schule? E-Funktion, binomische Formeln, Gedichtsanalysen und andere Dinge, von denen wir damals schon wussten, dass wir sie nie wieder im Leben brauchen würden. Außer wir möchten der neue Rilke oder Mathematikprofessor werden. Und was ist heute stattdessen gefragt? Die Regulation von Emotionen – also zum Beispiel negative Emotionen eben nicht zu unterdrücken und wie eine lästige Krankheit auszumerzen, sondern sie zuzulassen und aufzuarbeiten. Wir sind Menschen, und Emotionen haben eine Bedeutung, der wir auf den Grund gehen sollten.

Was ist noch wichtig? Der Umgang mit Gruppendynamiken. Eine Anleitung, wie wir gelungene Beziehungen führen können. Das Erlernen von Handlungs- und Vermittlungsqualitäten. Die Fähigkeit zum Perspektivenwechsel. Der Umgang mit den eigenen Ressourcen, zum Beispiel Geld, und welche Wertevorstellungen wir damit verbinden. Grundlegende Kenntnisse von Psychologie sowie alltagsrelevanter Angelegenheiten wie Steuern und Versicherungen.

Alles Fertigkeiten, die in der Schulzeit gänzlich auf dem Stundenplan fehlten. Fatalerweise. Warum lernen wir nicht, wie wir zu Unternehmern werden? Wie wir neue Ideen entwickeln und umsetzen? Wie wir unsere Individualität ausleben können?

Wir brauchen ein System, das ergebnisoffen funktioniert: Lehrer stellen Fragen, bei denen sie die Antwort vorher schon wissen – und genau diese hören wollen. Das entspricht nicht meinem Verständnis von Bildung. Denn oft gibt es mehrere Antwortmöglichkeiten. Anstatt eine kontroverse Diskussion zuzulassen, werden Schüler zur verfolgten Absicht und einzig gewünschten Antwort gelenkt. Gott sei Dank liegt meine eigene Schulzeit schon sehr lange zurück. Dabei hätte es doch eine so spannende Zeit sein können ...

Ein wichtiger Brief im Postkasten

Nachdem ich meine thematische Spezialisierung festgelegt habe, kümmere ich mich um mein Portfolio. Welche Leistungen möchte ich meinen Kunden anbieten? Außer der initialen Texterstellung nehme ich Content-Management und die finale Optimierung von Texten Dritter auf. Letzteres insbesondere für Blogger, die Produkte wie E-Books oder oft heruntergeladene „Freebies" (im Online-Marketing: Gratisgeschenk) in ausgezeichneter Qualität publizieren möchten. Das Lektorat ist diejenige meiner drei Dienstleistungen, die später viele Kunden am meisten überrascht. „Dass ich das brauchen könnte, hätte ich vorher nicht gedacht – aber es ist erstaunlich, wie viel an meinem Text verbessert werden konnte", so lautet die einheitliche Botschaft im Nachgang. Ab und zu bekomme ich von festangestellten Redakteuren auch perfekt geschriebene Texte vorgelegt. Dann sage ich, dass mein Dazutun nicht nötig ist und am besten alles so bleiben sollte, wie es ist.

Darüber hinaus hätte ich zum Beispiel auch die redaktionelle Pflege von Newslettern dazupacken können, doch entschließe mich dazu, es bei meinen Hauptkompetenzen zu belassen und das fokussierte Angebot nicht mit weiteren Dienstleistungen zu verwässern und entwerten. Als Auftraggeber kommen für mich vor allem Unternehmen, Verlage, Magazine und Agenturen (Marken-, Design-,

Content- und Corporate-Publishing-Agenturen etc.) sowie Pressestellen in Frage, jedoch keine Privatpersonen.

Meine Vorbereitung auf die Selbstständigkeit geht in die Endphase. Bald startet das Abenteuer richtig! Ganz besonders hoffe ich auf den Gründungszuschuss – eine Art Anschubfinanzierung für Neugründungen der Bundesagentur für Arbeit. Monatelang skizziere ich dafür auf Dutzenden DIN A 4 Seiten mein Unternehmen und belege die Zukunftsaussichten im Geschäftsplan mit Zahlen. Dabei kalkuliere ich defensiv, aber dennoch mit einem stetigen und gesunden Wachstum im Laufe der ersten drei Jahre, sodass sich mein Unternehmen schon bald selbst tragen kann. Letztendlich sind die Einkünfte der ersten Jahre schwer zu kalkulieren, weil sie von vielen Faktoren abhängen. Doch finde ich es sinnvoll, mich intensiv mit den wichtigsten Fragen im Vorfeld der Gründung beschäftigt zu haben und diese Ergebnisse schriftlich festzuhalten. Denn ein Business Plan hilft, die Stärken und Schwächen des eigenen Unternehmens zu reflektieren und diese möglicherweise noch einmal anzugehen.

Ob die vielen Monate Arbeit von Erfolg gekrönt sind und sich all die Mühe so richtig gelohnt hat, weiß ich während des Schreibprozesses nicht. Wie ich später erfahren werde, hatte ich großes Glück mit meiner Ansprechpartnerin bei der Agentur für Arbeit. Kollegen, denen eine andere Beraterin zugeteilt wurde, wurden kategorisch abgelehnt. Mit meiner Kontaktperson komme ich dagegen von Anfang an gut klar. Bevor sie darüber entscheiden kann, ob meine Selbstständigkeit vom Amt gefördert wird, muss ich erst einmal zahlreiche Bewerbungen für feste Stellen anfertigen und mich hin und wieder persönlich vorstellen, wenn ich eingeladen werde. So ist es Vorschrift. Gepasst hat es am Ende jedoch nie, was mich natürlich auch irgendwie freut, denn woanders angestellt arbeiten möchte ich nicht.

Wenige Wochen vor dem Jahresende 2014 finde ich einen Brief in meinem Postkasten – von der Arbeitsagentur. Darin teilt mir meine Ansprechpartnerin mit: „Ihrem Antrag wird stattgegeben!" Dank der Unterstützung meiner Unternehmensberaterin habe ich mir für das erste Halbjahr meiner Selbstständigkeit ein dickes finanzielles Polster geschaffen und den existenziellen Druck genommen. Der Zuschuss unterstützt in der Anfangszeit meine Liquidität, weil erfahrungsgemäß die Auftragslage noch nicht ausreichen wird, um die Zahlungsfähigkeit sicherzustellen. Wirtschaftlich bin ich, theoretisch auch ohne Projekt-einnahmen, nun erst einmal sechs Monate im Trockenen – yes!!

1.2 Das 1. Jahr: Flaute trotz Akquise – und nun?

Zum Start habe ich trotz vieler Kontakte keinen festen Kunden. Ich muss also quasi bei null anfangen und zusehen, dass ich möglichst schnell meinen Bekanntheitsgrad steigere und Auftraggeber an Land ziehe. Alle Projekte, die ursprünglich jetzt beginnen sollten, liegen erst einmal auf Eis oder kommen nicht zustande. Heißt: Immer vom denkbar schlechtesten Fall ausgehen. Genau deshalb beginnt meine Neukundengewinnung schon drei Monate vor der Gründung. Und ab Januar ist das sogar meine Haupttätigkeit, denn Projekte, die ich bearbeiten kann, habe ich noch nicht und meine To-Do-Liste ist längst abgearbeitet. Also kann ich viel Zeit in die Akquise investieren. Wo finde ich nun meine Kunden – und wie spreche ich sie an? Diese Fragen beschäftigen mich am meisten. Dabei stehen mir zahlreiche Optionen zur Verfügung:

Ich abonniere Newsletter von Jobbörsen. Auch, wenn überwiegend feste Stellen ausgeschrieben sind, kontaktiere ich die angegebenen Ansprechpartner und frage nach, ob auch eine Zusammenarbeit auf freiberuflicher Basis interessant für sie sein könnte. Manchmal ist die Position ausdrücklich nur für externe Dienstleister vorgesehen. Das ist natürlich der Idealfall. Einen Kunden habe ich aus dieser Art der Akquise gewonnen. Für ihn schreibe ich zum Beispiel ein komplettes Online-Magazin zum Thema Energiewende.

Darüber hinaus nutze ich Xing. Als Premium-Mitglied stehen mir hier viele Möglichkeiten offen. Zunächst knüpfe ich mir die sogenannte erweiterte Suche vor und schaue, welche Mitglieder explizit Text-Leistungen oder Content-Management benötigen und dies in den Suchfeldern angeben. Über diesen Weg gelange ich an einen Wunschkunden. Zusätzlich checke ich täglich die Timeline und beobachte, ob Kontakte Beiträge teilen oder veröffentlichen, in denen ein freier Texter oder Redakteur gesucht wird. Und in den Forengruppen oder auf der Startseite findet man ständig neue

Stellenausschreibungen, von denen einige wenige wirklich interessant sind. Allgemein lässt sich in den sozialen Netzwerken durch aktive Teilnahme recht viel erreichen. Ein waches Auge bei dem, was da regelmäßig aktuell hereinströmt, ist lohnenswert.

Dann endlich angle ich mir meinen ersten Auftrag. Und es ist ein ganz besonderer! Auftraggeber ist ein Gesellschaftsmagazin, das sich mit Themen wie Konsum, Umwelt und Werten befasst. Das ist genau mein Metier. Ich interviewe Patrick Salmen, den Meister im Poetry Slam von 2010. Vereinfacht erklären lässt sich Poetry Slam als eine Lyriklesung mit Performance.

Interviews mit Salmen und Opitz

Ich fahre nach Wuppertal, wo ich Salmen vor seinem Auftritt sprechen werde. Kurz nachdem ich meine Destination erreiche, treffe ich Anna – die mir noch unbekannte Fotografin, die das Interview und die Show begleiten wird. Wir unterhalten uns und schlendern im Backstage-Bereich die Treppen hinauf. Es ist mein erstes Vor-Ort-Interview mit einem Prominenten. Ich bin gespannt und erstaunlich cool, obwohl ich Salmen sehr gerne selbst live zuhöre und zusehe. In einem kleinen Raum treffen wir ihn und seinen Bühnen-Partner Quichotte. Ich stelle mich vor und wir plaudern ein bisschen, bevor wir mit dem Interview beginnen.

Nachdem mein Aufnahmegerät angeschaltet ist, stelle ich Salmen meine Fragen. Wir sprechen darüber, wie populär Poetry Slam in den letzten Jahren geworden ist, wie viel von der Person Patrick Salmen in seinen Programmen steckt und ich erfahre, dass er bei einem seiner Auftritte seine Frau kennengelernt hat. Nach einer halben Stunde bedanke ich mich für das Gespräch und schaue mir noch zusammen mit Anna seinen Auftritt vom Zuschauerraum aus an. Anschließend fahre ich zufrieden wieder heim.

Für dieselbe Ausgabe vereinbare ich einen Telefon-Termin mit dem Regisseur und Autor Florian Opitz. Opitz ist zum Beispiel durch „Speed – Auf der Suche nach der verlorenen Zeit" bekannt geworden. Es ist eine Dokumentation, in der er unserem beschleunigten Zeitalter auf den Grund geht und Ursachen wie Lösungen für den ständigen Zeitmangel ausmacht. Mich hat der 100-Minuten-Streifen total fasziniert. Ich will unbedingt mehr darüber wissen. Ein Jahr zuvor habe ich Opitz auf seiner Film-Präsentation in Köln getroffen und ihn nach der anschließenden Unterhaltung mit dem Publikum auf ein Interview angesprochen, das ich mir mittelfristig mit ihm wünsche.

Nun endlich ist es soweit. Wir telefonieren. In dem Gespräch finde ich jene Passage besonders bemerkenswert, in der er erklärt, wie herausfordernd die Informationsflut und die neuen Medien für ihn sind. Das hätte ich ausgerechnet beim Regisseur und Autor selbst nicht vermutet, weil er doch wissen müsste, „wie es geht", wenn er sich so intensiv mit dem Thema beschäftigt. Im Nachhinein denke ich mir aber: Stimmt, so selbstverständlich ist das eigentlich doch nicht. Opitz erklärt mir, dass es für ihn wichtig sei, mit seinem Film und dem dazugehörigen Buch aufzuklären, dass es kein individuelles, sondern ein gesellschaftliches Problem ist, dass wir ständig schneller leben und dass mehr Optionen im Allgemeinen eben nicht mehr Freiheit bedeuten würden. Das System mache uns kaputt und er wünsche sich eine radikale Änderung der Politik. Womit er wohl nicht alleine dasteht ...

Bloggen oder nicht bloggen ...

Trotz aller Euphorie um die beiden Aufträge habe ich für meinen Geschmack noch zu viel Freizeit. Ich überlege, was ich mit dem unfreiwillig so großzügig zur Verfügung stehenden Spielraum anfange. Dann beschließe ich, ihn einfach zu genießen. Denn für mich ist die Situation neu, so ganz ohne Verpflichtungen spontan das zu machen, was mir Spaß macht. Nach dem Abitur hatte ich zwar eine Auszeit von drei Monaten, ansonsten gab es aber keine Pause. Das möchte ich nun nutzen: Ich treffe mich mit Freunden und lese viele Bücher. Außerdem arbeite ich an meiner Amateur-Karriere als Tischtennis-Spieler.

Parallel dazu akquiriere ich weiter, denn die sechs Monate, in denen ich den Gründungszuschuss einstreiche, vergehen schneller als man denkt. Ich aktiviere mein Netzwerk und schreibe Kollegen an, mit denen ich schon früher zusammengearbeitet habe. Freundlich teile ich ihnen mit, dass ich mich freue, wenn sie für mich Augen und Ohren offenhalten. Falls nach meinen Angeboten irgendwo Bedarf besteht, mögen sie mich bitte ins Spiel bringen. Gleichzeitig biete ich ihnen an, für sie etwas zu tun, wenn sie irgendwo der Schuh drückt.

Auch mit dem Gedanken, einen eigenen Blog auf meiner Website zu installieren, beschäftige ich mich intensiv. Zusammen mit einer Kooperationspartnerin entwickle ich Mitte des Jahres ein erstes Konzept, verwerfe den Gedanken dann aber doch aus verschiedenen Gründen wieder. Insgesamt ist uns der Aufwand für die regelmäßige Artikelerstellung und Content-Pflege fürs Erste zu groß, sodass wir das Projekt zurückstellen. Generell finde ich es problematisch, wenn Brancheninsider davon sprechen, dass man in der heutigen Zeit als Onliner unbedingt einen Blog haben *müsse*. Sicher ist die regelmäßige Erstellung von Content auf der eigenen Webseite ein sinnvolles Instrument, um an Kunden zu kommen und auf sich aufmerksam zu machen. Vor allem, weil die Inhalte den potenziellen Auftraggeber durch den Sog-Effekt schon vor der Kontaktaufnahme überzeugen. Doch müssen auch die entsprechenden Ressourcen, ein Konzept und der richtige Zeitpunkt dazu vorhanden sein beziehungsweise geschaffen werden. Und wenn die Auftragsbücher auch ohne Blog gut gefüllt sind, ist so ein professionelles Online-Tagebuch doch erst recht keine Pflicht. Meine Meinung.

Und auch mit der Vorstellung, eigene Webinare oder Seminare anzubieten, fühle ich mich nicht zu 100 Prozent wohl. Das Gleiche gilt für verschiedene Freelancer-Plattformen, deren Honorar-Summen mich sofort abschrecken, weil sie so niedrig sind. Diese Akquise-Möglichkeiten schließe ich für mich also recht früh aus.

Stattdessen führe ich viele Gespräche mit Digital-Agenturen, da diese häufig Bedarf an Unterstützung durch Freelancer haben. Schneller als andere können sie uns Freien durch ihre vielen Kontakte zu verschiedenen Unternehmen Aufträge verschaffen. Somit fungieren sie als eine Art Akquise-Schaltzentrale und sind besonders für Neugründer attraktiv. Mit der Zeit entwickelt sich dabei ein Running Gag: der „Pool": Häufig haben Agenturen keine sofortige Verwendung für ihre Freelancer, denn das richtige Projekt wird natürlich nicht auf dem Silbertablett und mit der Eilpost serviert. Also baut sich eine Agentur einen Pool an Freien auf, auf den sie dann bei Bedarf zurückgreifen kann. Und die Anzahl meiner Pools wächst. Für mich auf der einen Seite verständlich, auf der anderen Seite eine Geduldsprobe, wenn man ständig nur auf Wartelisten steht. Eine Kollegin, die dieses

Schicksal teilt, meint irgendwann zu mir: „Ich bin mittlerweile in so vielen Pools, ich weiß gar nicht, wann ich da überall drin schwimmen soll!"

Doch ich lasse mich nicht nur in die Pools sämtlicher Agenturen werfen. Ich bin gleichzeitig auch auf Events wie Messen und Fachtagungen unterwegs. Mein Steckenpferd werden Netzwerkveranstaltungen. Auch wenn ich früher überhaupt nicht der Typ war, auf andere zuzugehen und sie in ein Gespräch zu verwickeln. Doch das lässt sich trainieren. Ich möchte mich bekannter machen und in Kontakt mit anderen kommen, um zu sehen, worüber aktuell gesprochen wird. Vor allem die Startup-Szene begeistert mich, da die meist jungen Gründer mit großem Eifer an die Sache gehen und für ihre Ideen brennen. Und das Beste: Bei diesen Veranstaltungen geht es nicht nur um die Themen Kennenlernen, Austauschen und Vernetzen, sondern es locken auch mitunter interessante Vorträge, die mich inhaltlich-fachlich weiterbringen.

Meine Prämisse bei diesen Veranstaltungen: Ich verkaufe nicht direkt meine Dienstleistung, sondern knüpfe ausschließlich und ganz unverkrampft Kontakte. Es kommt beim Netzwerken viel auf die innere Einstellung an. In erster Linie interessiert mich, wer mein Gegenüber ist, was diese Person macht und ob ich ihr irgendwie behilflich sein kann. Dazu halte ich Blickkontakt und stelle Fragen. Natürlich sage ich auch, was ich so tue und beherrsche, allerdings dränge ich mich dabei nie auf und halte mich lieber kurz. Wenn mein Gesprächspartner weitere Informationen hören möchte, weil es ihn interessiert, was ich erzähle, gebe ich ihm diese selbstverständlich. Aber nur dann. Im nächsten Schritt geht es darum, Gemeinsamkeiten zu finden und sich gegenseitig einen Nutzen zu bieten. Wenn die Chemie stimmt, tauscht man dann noch Visitenkarten aus. Auf keinen Fall aber rede ich die ganze Zeit von mir, spreche ganz offensichtlich und mit Nachdruck darüber, dass ich Kunden suche und mache kehrt, wenn ich nicht auf Anhieb das finde, was ich suche. Das ist der falsche Weg. Denn Netzwerken bedeutet nicht Akquise, sondern entspannte Kontaktanbahnung. Vieles von dem, was ich in dieser Hinsicht heute beherrsche und anwende, habe ich mir in dem Buch „Erfolgsstrategie Networking" von Monika Scheddin angelesen.

Die Geburt meines Medienstammtischs

Eines aber fehlt mir: Da bei mir bei der Vorbereitung auf die Gründung und auch im Alltag immer wieder Fragen aufkommen, schaue ich, ob es Events zugeschnitten auf Redakteure und Journalisten, beziehungsweise Spezialisten im Webbereich gibt. Ich will mich noch gezielter austauschen und wissen, wie es die Kollegen machen und welche Hürden sie nehmen. Ich möchte ein eigenes Netzwerk mit Designern, Entwicklern und Marketing-Spezialisten aufbauen – ohne festes Programm und gebuchten Redner. Mir fällt keines in meiner Region auf, das all dies bietet und nicht zu überlaufen ist. Also beschließe ich kurzerhand, es selbst ins Leben zu rufen.

Im Internet suche ich ein Café heraus, in dem rund zehn Personen Platz finden, und bei Xing erstelle ich ein Event. Das Business-Netzwerk dient mir gleichzeitig als Plattform, um die vielen neuen Kollegen in der Zukunft im virtuellen Kontaktbuch abzuspeichern. Dann geht es ans Marketing für meine Veranstaltung: Meine bisherigen Kontakte informiere ich über meine Pläne via Statusmeldung in Xing sowie im persönlichen Gespräch bei der Projektarbeit oder auf anderen Events.

Beim ersten Treffen bin ich etwas angespannt, denn einige der Premierengäste kenne ich noch nicht. „Werden alle kommen?", „Gehen sie später wieder begeistert heim?", „Wer sind die neuen Kollegen?", lauten die Fragen, die mir durch den Kopf spuken. Ich bin etwa eine halbe Stunde vor der angesetzten Uhrzeit vor Ort und lasse mir den Tisch zeigen, der für uns vorgesehen ist. Weil es an diesem Aprilabend recht warm ist, sind die Türen nach draußen geöffnet. Ich lege meine Jacke ab und bestelle schon einmal mein Getränk. Jetzt heißt es abwarten. Immer wieder geht mein Blick zum Eingangsbereich unseres Raums. Dann endlich mein erster Gast. Die Dame kenne ich aus meinem Businessplan. Dort ist sie als eine der Konkurrentinnen in meinen Themengebieten aufgeführt gewesen. Welch ein Zufall, dass sie hier auftaucht. Wie sich in den Monaten darauf herausstellt, werden wir in Zukunft gemeinsame Sache machen, da wir wunderbar miteinander harmonieren und uns perfekt ergänzen ...

Nach und nach treffen weitere Teilnehmer ein. Am Ende werden es, mich eingeschlossen, neun sein. Manche kenne ich von gemeinsamen

Projekten aus der Vergangenheit, andere sind mir gänzlich fremd. Wir unterhalten uns angeregt, mal in Zweiergesprächen, mal als gesamte Gruppe, über das, was wir machen und was uns beschäftigt. Die Themen, bei denen Input von außen gewünscht ist, sind breit gefächert: Der eine will wissen, ob sich jemand gut mit der VG. Wort auskennt, weil er von den Tantiemen profitieren möchte und nicht weiß, wie das geht.

– Zur Erklärung: Die VG. Wort ist im Bereich Text das, was die GEMA für Musikschaffende ist: Eine Verwertungsgesellschaft, die das geistige Eigentum der Urheber schützt und zu einem angemessenen Preis vergütet. –

Der andere wagt erste Anläufe mit einem Online-Tool und benötigt dabei Unterstützung. Und der nächste sucht Rat, wie er sein Geschäft profitabler machen kann, obwohl er bisher schon so viel Energie investiert.

Als ich merke, dass eine Teilnehmerin eine spezielle Frage in den Raum wirft, die ein anderer Teilnehmer direkt beantworten kann, habe ich einen Einfall: Es sind so viele Kompetenzen in dieser Runde vorhanden und der eine kann dem anderen etwas beibringen – wieso organisieren wir nicht Workshops innerhalb dieses Zirkels, mit einem festen Thema und einem vorher festgelegten Referenten und schlauen uns gegenseitig auf? Gesagt getan. Wenige Monate später findet tatsächlich das erste Seminar statt. Im Fokus steht die Blogging-Plattform Tumblr. Auch diese Reihe wird gut angenommen und ich veranstalte sie fortlaufend mit anderen Schwerpunktthemen.

Nach den ersten erfolgreichen Feldversuchen erhält mein Stammtisch nun auch einen Namen. Ich taufe ihn „Heldentreff" und veranstalte ihn einmal im Monat mit acht bis zwölf Teilnehmern. Gleichzeitig richte ich bei Xing die gleichnamige Gruppe ein, damit Interessenten dazustoßen können und Arrivierte eine Plattform haben, um online beispielsweise Stellenangebote zu veröffentlichen oder gezielt Hilfe für ihre Probleme zu finden.

Super, der eigene Stammtisch ist gut angekommen! Er erweitert mein Netzwerk, macht Spaß und erste Jobanfragen trudeln darüber auch ein. Ich weiß immer mehr, was die Kollegen benötigen, treffe auf unterschiedliche Menschen mit unterschiedlichen Herausforderungen und Historien.

Die entscheidende Prüfung

Doch, um mein Unternehmen tragfähig zu halten, fehlt noch einiges. Meine Ausgaben halte ich so klein wie möglich, um den späteren Gewinn nicht so stark zu schmälern. Dazu nehme ich zunächst einmal alles selbst in die Hand, gebe nur das Nötigste aus, gehe nicht in Vorleistung und leiere Partnerschaften an, sodass mir größere Investitionen erspart bleiben.

Langsam frage ich mich, was ich falsch mache. Ich habe unheimlich viel Engagement in mein Geschäft gesteckt und viel Lob für die Idee und meine Website erhalten; kontaktierte Firmen zeigen Interesse, aber sie haben nichts Konkretes für mich auf dem Tisch. Sind das womöglich nur Lippenbekenntnisse gewesen? Oder wird sich das noch ändern und kommen sie tatsächlich irgendwann auf mich zu? Ich bin frustriert und ehrlich gesagt auch etwas ratlos. Aufwand und Ertrag stehen im Missverhältnis. So habe ich mir das nicht vorgestellt. Ans Aufgeben denke ich nicht. Doch es sollte bald was passieren ...

Immer wieder muss ich in dieser Zeit daran denken, wie Sisyphos einen Felsblock den Hang hinaufrollt. Ich sage mir: Ich muss diesen Stein bis ganz nach oben bekommen, dann fällt die Schwere weg und es folgt der leichtere Teil. Nur, bis dahin gilt es durchzuhalten und nicht aufzugeben. Nach reiflicher Selbstanalyse komme ich zu dem Entschluss: Ich mache alles richtig, ich brauche nur Geduld. Ich weiß, was ich kann und die Rückmeldungen sind positiv. Der Markt kann gebrauchen, was ich anzubieten habe. Also vertraue ich darauf und mache mich nicht verrückt. Andere warten schließlich Jahre, bis sich etwas tut. Zudem denke ich an die Skeptiker, die stets Bedenken geäußert haben. Und ich sage mir: Ich weiß es besser. Ich kann das. Ich schaffe das. Ich werde es allen zeigen und Recht behalten!

Mir kann es nicht schnell genug gehen. Eines mache ich jedoch ganz bewusst nicht: mich unter Wert verkaufen. Wenn Anfragen kommen, bei denen die Bezahlung unter meiner Schmerzgrenze liegt, lehne ich ab. Kategorisch. Auch wenn mir dadurch ein Auftrag entgeht und ich länger brauche, bis mein Unternehmen tragfähig ist. Ein Credo, an das ich bis heute stringent mit großer Klarheit und Selbstbewusstsein festhalte.

Zu den fehlenden Kunden gesellen sich auch noch hausgemachte Probleme: Meine Website, die zunächst online gegangen ist, obwohl noch gar nicht fertig, ist nun plötzlich wieder offline. Zum Glück kann ein fähiger Entwickler sie schnell wieder hinbiegen. Aber so etwas muss nun nicht auch noch sein. Genauso wie ein Kunde, der nach meiner Erfüllung des Auftrags plötzlich wochenlang untertaucht, nicht mehr auf meine Mails reagiert – und die Rechnung nicht bezahlt. Bis ich ihn mehrmals erinnere, mahne und schließlich vor das Mahngericht gehe. Innerhalb kürzester Zeit ist dann das Geld da ...

Als es bald fünf vor zwölf schlägt und bei mir dringend Geld reinkommen muss, passiert ein kleines Wunder. Zumindest kommt es mir so vor: Ich erhalte innerhalb kurzer Zeit mehrere vielversprechende Anfragen. An einem Tag sogar drei Stück. Ich kann es nicht glauben. Aus dem Nichts! Nach Wochen und Monaten der Dürre. Ein Neukunde findet mich dank Google über meine suchmaschinenoptimierte Webseite – was mich besonders freut, weil ich anscheinend meine Hausaufgaben gemacht habe. Er bucht mich erst einmal, dann zweimal und dann ein weiteres Mal. Ein mittelgroßes Kontingent, das mich aufatmen lässt! Es ist der Knackpunkt. Die Wende. Innerhalb der nächsten Wochen folgen dank Kollegen aus früheren Zeiten weitere lukrative Projekte, die mich häppchenweise beschäftigen. Zum Beispiel gestalte ich für eine Reihe von Händlern eines großen Fahrrad-Verbandes inhaltlich neue Internet-Auftritte und schreibe die Texte dazu. Die ersten großen Prüfungen sind bestanden und das Überleben meines Unternehmens ist gesichert. Das Jahr 2015 schließt mit einem Happy End ab. So darf es gerne weitergehen! Die ersten Erfolge motivieren mich erst recht. Kleine Appetithäppchen, die Lust auf mehr machen. Die Freude ist groß und der Glaube wächst. Jetzt habe ich Feuer gefangen.

1.3 Das 2. Jahr: Durchbruch! Der Laden brummt

2016 beginnt mit abwechslungsreichen Aufgaben: Zunächst schreibe ich für einen Kunden die Texte seiner kompletten Website, dann möchte ein anderer Kunde sein E-Book von mir lektorieren lassen. Außerdem führe ich für eine Coachin eine SEO-Analyse (Search Engine Optimization = Suchmaschinenoptimierung) ihrer Website durch. Sprich: Ich schaue, unter welchen inhaltlichen und technischen Aspekten sie ihre Internet-Präsenz verbessern könnte, um von Suchmaschinen wie Google besser gefunden zu werden. Also: Wieso macht „Herzlich willkommen" als Überschrift auf der Startseite keinen Sinn? Warum gehört eine Handlungsaufforderung für die Besucher unbedingt auf eine Website? Wieso sollte die URL, also das, was in der Adresszeile des Browsers angezeigt wird, „sprechend" und nicht kryptisch aufgebaut sein bei allen Unterseiten des Internet-Auftritts? Und schließlich: Welche Überschriftentypen gibt es und wo werden sie wie eingesetzt? Dazu mache ich ihr einige Verbesserungsvorschläge. Alle drei Kunden sind am Ende sehr zufrieden – und ich auch.

Doch nicht immer läuft es derart angenehm ab. Zu Beginn des Jahres kommt es vermehrt vor, dass ich mich wundere. Über Interessenten, die am Samstagmorgen anrufen und mir mitteilen, dass sie jetzt Zeit hätten und deshalb mit mir über ihr Projekt reden möchten. Gerne – aber bitte zu einem anderen Zeitpunkt. Denn auch, wenn ich freiberuflich arbeite, bin ich nicht immer im Einsatz.

Oder es melden sich potenzielle Kunden, die das Ghostwriting eines Buches mit über 100.000 Zeichen als Kleinigkeit abtun, den abgesprochenen Telefontermin verschwitzen und dann eben am darauffolgenden Samstag angerufen werden möchten. Agenturen lassen Freelancer zu einem Pitch antreten und zur Probe kostenlose Konzepte anfertigen. Anschließend melden sie sich nicht, um die Entscheidung zu verkünden, sondern erzählen den Dienstleistern auch noch Märchen. Das erfahre ich von meiner Kooperationspartnerin, die zufällig Mitbewerberin im Pitch ist. Die Option Pitch sehe ich seitdem sehr kritisch und vermeide diese Akquise-Form.

Andere Anwärter erwarten schon vor der eigentlichen Auftragsdurchführung so viel, dass man stutzig werden muss. Und immer wieder stellt sich die Frage nach dem Honorar, wenn es darum geht, ob eine Zusammenarbeit zustande kommt oder nicht. Insbesondere unter den Textern gibt es zwei Lager: die, die sich angemessen entlohnen lassen und jene, welche wenige Cent pro Wort nehmen. Andersherum, also bei den Auftraggebern, sieht es genauso aus: Ein neuer Interessent fragt mich für die Erstellung von Online-Artikeln über ein gesamtes Jahr an. Nachdem ich ihm mein Angebot unterbreite, winkt er dankend ab – mit dem Hinweis, dass das Unternehmen sich das nicht leisten könne oder wolle und für einen derartigen Text im Schnitt vier Euro zahle. Dass professioneller und qualitativ hochwertiger Content seinen Preis habe, sei ihm aber bewusst, fügt er an – und bringt mich damit zum Schmunzeln.

Was bedeutet das nun für mich? Ich versuche, so früh wie möglich zu ermitteln, in welchen Sphären die Interessenten bereit sind, Geld auszugeben und lasse mich auf Deals mit niedrigen Honoraren von vornerein nicht ein. Ich bin Qualitätstexter und lebe ausschließlich von meinen Diensten als Redakteur. Der Kunde profitiert von meiner Unterstützung und Leistung. Er bekommt einen entsprechenden Gegenwert. Und darum möchte ich angemessen bezahlt werden. Das gilt auch für das Thema Stundensätze: Professionelle hauptberufliche Selbstständige mit einer abgeschlossenen Ausbildung und einigen Jahren Berufserfahrung treten nicht mit einem Stundensatz von 20 oder 30 Euro auf den Markt, einfach aus dem Grund, weil sie sich davon auf Dauer keine solide finanzielle Existenz aufbauen können. Ich habe auch gar kein Problem damit, das ganz klar zu kommunizieren. Ich mache bei diesem Thema keine Kompromisse.

In der freelancermap-Marktstudie für Freelancer, Selbstständige und Freiberufler liegt der durchschnittliche Stundensatz in 2017 bei 87,36 €. Tendenz für 2018: steigend. Der Bereich „Grafik, Content, Medien" als jener mit den niedrigsten Stundensätzen aller Fachgebiete liegt bei 65,85 €. In diesen Bereichen sollten Stundensätze von erfahrenen Dienstleistern mindestens liegen, wenn sie nachhaltig profitabel arbeiten wollen.

Abgesehen davon mache ich die Erfahrung, dass Kunden, die viel fordern und viel meckern, wenig geben und damit uninteressant für mich sind. Denn ich möchte, dass meine Auftraggeber und ich uns auf Augenhöhe begegnen und als Partner begreifen. Jeder soll am Ende zufrieden sein und durch die Zusammenarbeit gewinnen. Meist halten sich diejenigen nicht an Abmachungen, die nur für sich das Beste herausholen wollen, und sind dann auch jene, welche die Rechnung am liebsten gar nicht bezahlen. Viel Aufregung und Stress, der nicht lohnt. Deshalb sortiere ich solche Kunden gnadenlos aus – auch als Unternehmer, der frisch am Markt ist. Und das zahlt sich aus, denn die passenden Kunden, mit denen das Arbeiten Spaß macht und die ein gemeinsam erzieltes, gutes Ergebnis anstreben, gibt es – und sie werden zu meinen Kunden werden. Auch wenn es mitunter länger dauert, diese zu finden. Entscheidend ist, eigene Spielregeln für den Markt festzulegen – und entsprechende Partner zu finden, die diese Spielregeln mitspielen.

Andere Solo-Selbstständige stellen mir manchmal die Frage, wie ich potenziellen Auftraggebern den Wert meiner Leistung vermittle. Ein Beispiel dazu: Einer meiner Kunden erzählte mir vor unserer gemeinsamen Zusammenarbeit, dass er bislang Studenten für die Erstellung von Artikeln engagierte. Diese waren mit ihrer Dienstleistung zwar halb so teuer wie ich, doch musste der Kunde immer wieder die Artikel nachbessern, weil sie eben nicht ganz rund geschrieben waren. Das raubte ihm jedes Mal Zeit und Nerven. Zur Folge hatte das, dass er nach dieser Erfahrung bereit war, mehr Geld auszugeben, wenn die Texte makellos und sofort bereit für die Übertragung ins Internet wären. Kurz: Der Nutzen, in diesem Fall keine Nachbesserungen tätigen zu müssen, ist groß genug, um für diesen Mehrwert höhere Honorare zu zahlen. Wobei, eigentlich ist das kein Mehrwert, sondern schlicht ein Qualitätsunterschied ...

Die E-Mail im Urlaub

Mittlerweile reißen die Anfragen nicht ab und immer mehr Menschen kommen auf mich zu. Für mich werben, muss ich nur noch selten. Teilweise vergeht kaum eine Woche, in der nicht wieder eine neue

E-Mail eingegangen ist, mit der Bitte, weiterzuhelfen. Ein schönes Gefühl. Und nach jedem persönlich geführten Akquisegespräch notiere ich mir im Nachhinein, wie ich mich hätte besser verhalten können, was ich beim nächsten Mal lieber nicht oder viel eher sagen sollte – und worin ich gut war.

Von Vorteil ist, dass ich verschiedene Kompetenzen eines Online-Redakteurs vereine: Ich schreibe auf journalistischem Niveau und besitze gleichzeitig ausgeprägte Technik-Kenntnisse wie SEO und CMS. Das ist insbesondere für Kunden attraktiv, die alles in einem benötigen, weil sie komplexe Websites betreuen und darum jede dieser Fähigkeiten für sie relevant ist. Ein Auftraggeber dieser Sorte meldet sich im Frühjahr meines zweiten Jahres als Freiberufler.

Ich befinde mich gerade im Urlaub und gehe in ein Internet-Café, um E-Mails abzurufen. Es hat sich einiges angesammelt in den wenigen Tagen, in denen ich nun von zu Hause weg bin. Ich wühle mich durch mein Postfach ... der wöchentliche Newsletter, die Zusage zu meinem Stammtisch, Presseinfos ... dann plötzlich schreie ich hörbar auf: Die Ansprechpartnerin einer Agentur, die ich einige Monate zuvor auf einer Netzwerk-Veranstaltung kennengelernt habe, hat ein Projekt für mich! Sie fragt, ob es zeitlich in Frage käme und ich mir vorstellen könne, einige Monate als Freelancer bei einem großen Unternehmen in Köln zu arbeiten. Ich kenne die Firma, war früher selbst Kunde dort, und kann mir das sehr wohl vorstellen. Ich antworte ihr, dass ich demnächst wieder aus dem Urlaub zurückkehre und sie mir in der Zwischenzeit gerne weitere Informationen zukommen lassen kann. Sie berichtet, dass es noch ein, zwei andere Kandidaten gäbe. Meine Chancen betragen also mindestens 33 Prozent! Zwei Wochen später werden zwei Redakteure zum Kennenlerngespräch geladen. Einer davon bin ich. 50 Prozent Hoffnung! Ich bin guten Mutes, top vorbereitet und präsentiere mich wie immer in diesen Situationen: offen und ehrlich. Die Unterhaltung dauert nicht einmal 20 Minuten, dann sind alle Fragen geklärt. Ich habe ein sehr gutes Gefühl und wüsste keinen Grund, warum es nicht klappen sollte. Es wäre der endgültige Durchbruch, denn das Abruf-Kontingent des Kunden ist groß, sodass ich einerseits für die nächsten Monate ausreichend ausgelastet wäre und andererseits monetär vorgesorgt hätte.

Den Rest des Tages überlege ich: Eigentlich sollte nichts schiefgehen. Doch natürlich kann man sich nie ganz sicher sein. Wer weiß, was am Ende den Ausschlag gibt. Vielleicht etwas, dem ich keinen großen Wert beigemessen habe, das für den Kunden aber entscheidend ist. Trotzdem, das kann eigentlich nicht sein ...

Zum Glück werde ich nicht lange auf die Folter gespannt, und schon am nächsten Morgen ertönt mein Telefon: Man möchte mich gerne an Bord haben, wird mir gesagt. Jetzt ist sie raus, die freudige Nachricht! Ich bin überglücklich und erzähle meinen engsten Vertrauten gleich davon. Die Planzahlen aus dem Business-Plan sind nun erst einmal obsolet.

Schon eine Woche später steht der erste Tag der Zusammenarbeit an und dabei bestätigt sich der gute Eindruck: Die Atmosphäre im Team stimmt und meine Aufgaben machen Laune. Nach ein paar Monaten stellen wir fest: Alle Parteien möchten die Zusammenarbeit gerne fortsetzen, also wird mein Vertrag immer wieder verlängert. Perfekt! Fest-frei in einem soliden Unternehmen. Das gibt finanzielle Sicherheit und Auftrieb. Und es motiviert. Natürlich möchte ich mich auf diesem Engagement nicht ausruhen. Zum einen entgehe ich damit der Scheinselbstständigkeit, zum anderen mache ich mich unabhängig, wenn ich auch andere Kunden habe. Es ist zudem gar nicht mein Anliegen, mich auf freiberuflicher Basis nur auf einen großen Auftraggeber zu konzentrieren. Ich möchte mein Unternehmen auf vielen verschiedenen Säulen aufbauen und so viel wie möglich in unterschiedlichen Projekten mitnehmen. Und nebenbei als Entrepreneur eigene Projekte starten.

In den Fußstapfen von Hans Meiser

Eine andere interessante Erfahrung mache ich, als ich das bekannte Tagesgeschäft verlasse und an einen Ort gehe, den ich zuletzt vor vielen Jahren aufgesucht habe. Diesmal umgeben mich nicht zahlreiche Computer-Bildschirme und geschäftsmäßig gekleidete Erwachsene. Stattdessen sind es Unterrichtsräume mit Kreidetafeln und Kinder, die fröhlich an Tischtennisplatten aus Stein spielen. Ich gehe zur Schule. Und zwar nicht deshalb, weil ich einen Abschluss nachhole oder eine Weiterbildung belege. Nein, dieses Mal erzähle ich einer Schulklasse von meinem Beruf. Eine Realschule in Herne hat mich eingeladen, einen Nachmittag lang mit 18 Schülern der siebten und achten Klasse zu verbringen und ihnen zu schildern, womit ich mein Geld verdiene, wie mein Leben als Journalist in der Praxis aussieht und warum ich diesen Beruf gewählt habe. Die Talent AG findet in Kooperation mit der millionways Stiftung und der Bildungsinitiative Teach First Deutschland statt. Der Leiter erzählt mir vor meiner Anreise am Telefon, dass schon ein paar andere Medienschaffende dieser Schule einen Besuch abgestattet haben – unter anderem der bekannte Fernseh-Moderator Hans Meiser. Das Ziel sei es, die Kids mit diesen Gastauftritten zu motivieren und ihr Selbstbewusstsein zu stärken. Für mich keine Frage, dass ich mich gerne von Köln auf den Weg mache und meine Erfahrungen an den Nachwuchs weitergebe. Auch wenn das Sprechen vor großen Gruppen nicht meine allerliebste Aufgabe ist …

Zur vereinbarten Uhrzeit am Mittag biege ich nach meiner rund einstündigen Fahrt in die Zielstraße ein. Vor der Schule kommt mir mein Ansprechpartner entgegen und begrüßt mich freundlich. Zusammen schlendern wir über den Schulhof und gehen den Ablauf des Besuchs durch. Ich bin wirklich gespannt, wie die Schulklasse mich empfängt und was mich erwartet. Wir laufen im Schulgebäude die Treppen hoch und betreten das Lehrerzimmer. Dort heißt mich das Kollegium willkommen und wünscht mir einen angenehmen Nachmittag mit den Schülern. Nach einem gemeinsamen Mittagessen im Schulgebäude, bei dem ich zahlreiche Hände schüttele, fehlen nun nur noch die Kopien eines Artikels, den ich mitgebracht habe, um den Schülern konkret zu erläutern, wie so eine Arbeit von mir entsteht. Als die Lehrkraft fast alle Arbeitsblätter zusammengetragen hat, spüre ich, dass es jetzt gleich soweit ist. Ich bin zugegebenermaßen etwas nervös, freue mich aber auf das Treffen mit der Klasse. Dann betreten wir den Raum. Dutzende Kinderaugen blicken nach vorne und der Fellow, so die offizielle Bezeichnung des AG-Leiters, sorgt erst einmal für Ruhe und stellt mich mit einleitenden Worten vor. Dann tritt eine Schülerin nach vorne. Sie wird mit mir vor der Tafel Platz nehmen und ein Interview führen, mit Fragen, die die Klasse im Vorfeld zusammen erarbeitet hat. Ich bin froh, dass das Ganze nicht komplett im Stehen vonstattengeht, weil ich die Atmosphäre in der Sitzrunde lockerer finde, ziehe meine Jacke aus und setze mich zu ihr.

Die Schülerin liest mir ihre Fragen vor: „Warum sind Sie Journalist?", „Was gefällt Ihnen am Schreiben?", „Haben Sie schon einmal schwierige Situationen in Ihrem Leben erlebt?". Ich erzähle, dass ich bereits zu Schulzeiten mit dem Gedanken gespielt habe, später als Journalist zu arbeiten, insbesondere nachdem eine WDR-Journalistin damals in unsere Klasse zu Besuch gekommen war und aus der Praxis berichtet hatte. Und ich erkläre den Schülern, dass es mir am Schreiben besonders gefällt, verschiedene Meinungen oder Gedanken zusammenzutragen und ein großes Ganzes zu kreieren. Und dass die Herausforderung beim Texten darin liegt, eben möglichst wenige Worte zu verwenden, damit am Ende nur die Essenz übrigbleibt.

Während ich die Fragen beantworte, lauschen die Kinder aufmerksam und werden erst unruhig, als sie die ersten Snacks des von ihnen organisierten Caterings durch die Reihen reichen. Nachdem der offizielle Teil beendet ist, kommen einige Schüler zu mir, um vis-á-vis persönliche Fragen zu stellen. Eine Schülerin möchte wissen: „Werden Sie wiederkommen?" Mit Garantie kann ich das nicht bejahen, aber dass die Initiative eine super Sache ist und sich der Besuch gelohnt hat, da bin ich mir sicher.

Kaltakquise und meine Erfahrungen

Zurück in Köln mache ich mich wieder ans Business und probiere eine neue Akquise-Möglichkeit aus: Im Rahmen einer Mailing-Kampagne möchte ich rund 300 Unternehmen kontaktieren und ihnen meinen Flyer postalisch zuschicken. Es dauert ein paar Tage, bis ich die Auswahl getroffen habe, welche Firmen zu den Empfängern des Briefes gehören sollen. Als ich den Kollegen beim Heldentreff von meinem Experiment erzähle, stoße ich teilweise auf Widerstand. Denn Kalt-Akquise ist für viele ein Gräuel und abgesehen davon, dass sie es sich nicht vorstellen können, es selbst zu machen, glauben sie nicht, dass es eine erfolgversprechende Maßnahme ist. Ich lasse mich davon nicht abschrecken, denn wenn ich es nicht versuche, kann ich nicht mit Sicherheit sagen, ob die Aktion sinnvoll ist oder eben nicht. Also probiere ich es aus. Irgendwann entschließe ich mich dazu, dass jetzt der Zeitpunkt gekommen ist, die Kampagne in Gang zu setzen. Und zack, sind 300 Briefe raus. Wenige Tage nach dem Versand melden sich ein paar Unternehmen bei mir. Die Rücklaufquote beträgt insgesamt in etwa vier Prozent: Die einen teilen mir von vornerein klipp und klar mit, dass sie mit Agenturen und Presseabteilungen ausreichend besetzt sind, was für mich total in Ordnung ist. Andere merken sich mich vor und wieder andere laden mich zum persönlichen Gespräch ein oder lassen sich ein Angebot zukommen. Konkrete Projekte ergeben sich nicht auf Anhieb, doch erneut bin ich mehrfach auf Merkzetteln gespeichert. Und dann ergibt sich doch noch ein neues Kunden-Projekt: Ein Agentur-Flyer landet zufällig bei einer anderen freien Texterin, die mich einem Kunden empfiehlt, weil ich ihr zum richtigen Zeitpunkt am richtigen Ort in Papierfassung zwischen die Finger gekommen bin. Verrückt!

Wo mir eine Zusammenarbeit mit den potenziellen Mailing-Kunden wirklich wichtig ist, hake ich nach zwei, drei Wochen telefonisch nach. Je nach Unternehmensgröße sind meine Erfahrungen hier unterschiedlich: Bei den ganz Großen werde ich von A nach B weiterverbunden, ohne, dass ich den verantwortlichen Ansprechpartner an die Strippe bekomme und eine endgültige Aussage erhalte. Hin und wieder wird mir eine E-Mail-Adresse mitgeteilt, an die ich den Flyer noch einmal in der digitalen Fassung senden soll. Darauf folgt dann aber keine Rückmeldung mehr, sodass ich gedanklich damit abschließe und für mich schlussfolgere, nicht noch einmal nachzufragen.

Wie ich bei der Kundengewinnung von dem Gedanken loskomme, den Gesprächspartner mit meinem Anliegen zu nerven, möchten manchmal Kollegen von mir wissen. Die Antwort ist ganz einfach: Ich rufe Geschäftskunden an, bin also im B2B (Business to Business) unterwegs. Bei Privatkunden wäre es wohl etwas anders gestrickt. Doch im Business-Bereich muss der Gesprächspartner davon ausgehen, dass ich ihm etwas anzubieten habe, was ihm nutzt und in seinem beruflichen Alltag weiterhilft – also etwas, wovon er profitiert. Und dann ist es letztlich eine Frage dessen, wie ich mein Anliegen rüberbringe, ohne dass ich dabei ein schlechtes Gewissen habe. In jedem Fall fasse ich mich kurz und komme direkt zum Punkt: zum entscheidenden Nutzen für den Kunden. Denn die Person am anderen Ende der Leitung hat im Zweifel wenig Zeit und definitiv keine Lust, sich lang und breit meine Werbeversprechen anzuhören. Freundlich stelle ich mich daher vor, erläutere kurz und knapp, was ich anzubieten habe und warum mein Gesprächspartner ausgerechnet meine Leistung in Anspruch nehmen sollte. Im Idealfall habe ich dabei einen Aufhänger, zum Beispiel, dass das Unternehmen erst kürzlich eine Stellenausschreibung veröffentlicht hat, in der genau meine Dienste gefragt waren. Die Resonanz zeigt zudem, dass mehrere Unternehmen dankbar dafür sind, dass sich ein Redakteur eigeninitiativ bei ihnen meldet, weil sie an genau dieser Stelle der Schuh drückt. Und wenn nicht sofort, dann zumindest zu einem späteren Zeitpunkt, wird dieser Betrieb auf das Angebot zurückkommen. Es ist also Geduld gefragt. Doch wieder habe ich mich ein Stückchen sichtbar gemacht und Spuren hinterlassen. Was auch noch wichtig ist: Persönlich nehmen sollte man Absagen nicht. Denn das Nein ist vielmehr die Gewissheit, zum nächsten potenziellen Kunden übergehen zu können und sein Glück dort zu versuchen. Und noch eine Lehre habe ich aus der Aktion gezogen: Die Flyer, die ich zusätzlich für andere Gelegenheiten gekauft habe, hätte ich mir sparen können. Denn im Nachhinein lege ich Flyer so gut wie nie aus. Meistens werden Kunden digital auf mich aufmerksam. Auf ein paar hundert Exemplaren bleibe ich nun also sitzen.

Barcamp statt Empfehlungsnetzwerk

Um mein Netzwerk zu erweitern, gehe ich erstmals zu einem Unternehmertreffen, das international in verschiedenen Ländern stattfindet. Das Prinzip dahinter: empfehlen und empfohlen werden – und damit den Umsatz signifikant steigern. Ich habe schon viel von diesem Modell gehört, vor allem viel Positives, und möchte mir nun selbst einmal ein Bild machen. Passt das Netzwerk zu mir und fühle ich mich darin wohl? Ich werde es herausfinden. Das Interessante aus meiner Sicht ist das branchenübergreifende Zusammenkommen: Handwerker treffen Steuerberater. Und Immobilienmakler treffen Filmproduzenten. Dementsprechend anders als üblich gestalten sich die Unterhaltungen. Statt „Welche Keyword-Dichte haben deine Texte?" oder „Rechnest du pro Wort oder pauschal ab?" höre ich nun Geschichten eines Experten für Brand- und Wasserschäden über geflutete Keller. Was in dieser Aufwärmrunde noch spannend für mich ist, wird unattraktiver, als mich das Tempo der Veranstaltung mehr und mehr übermannt. Auf einen Programmpunkt folgt der nächste, und die Präsentationen werden auch im Akkord abgehalten. Bei einem Wettbewerb sollen alle Teilnehmer von den anderen Anwesenden so viele Visitenkarten wie möglich abstauben. Abgesehen davon, dass es schon irgendwie lustig ist, den Titel als Super-Sammler erringen zu wollen, kann ich mir hinterher kaum ein Gesicht meiner Visitenkartenpartner merken. Ganz zu schweigen davon, dass in der Hektik höchstens ein paar Worte gewechselt werden können und ein guter erster Eindruck praktisch unmöglich ist. Am Ende der Veranstaltung muss ich erst einmal tief Luft holen. Nein, das ist nichts für mich. Auch aufgrund der Tatsache, dass ich die jährlichen Mitgliedsbeiträge ganz schön happig finde, beschließe ich, es bei einem einmaligen Besuch zu belassen und schaue lieber bei einem Barcamp vorbei.

Das Barcamp in Köln hat mir schon bei meiner ersten Teilnahme vor einem Jahr so gut gefallen, dass ich wiederkomme. Das Interessante an dieser Art von Konferenz ist, dass das Programm zu Beginn noch gar nicht feststeht. Es wird erst vor Ort erstellt – durch die Teilnehmer selbst. Denn jeder, der ein spannendes Thema einbringen möchte, kann es im Plenum präsentieren. Und sobald die sogenannten Sessions beginnen, finden sich unterschiedlich große Menschengruppen zusammen, lauschen den Vorträgen und nehmen an den Diskussionen teil. Ich finde, dass das Netzwerken auf einem Barcamp ganz besonders gut funktioniert. Denn man hat sowohl in den Pausen und in einem großen Saal, der auch als Essensraum dient, als auch bei einer der Sessions die Gelegenheit, in Kontakt zu kommen. Und durch die thematisch unterschiedlichen Präsentationen, die die Teilnehmer jederzeit zugunsten einer anderen verlassen können, lernt man die Protagonisten direkt im kleinen Rahmen besser kennen und kann im Anschluss aktiv auf den Ausrichter der jeweiligen Session zugehen. In Zukunft möchte ich auch in anderen Städten Barcamps besuchen. Nach diesen vollgepackten Tagen bin ich immer ganz beseelt durch den tollen Input!

So langsam wird nun auch mein Bild vom Wunschkunden immer klarer. Eigentlich empfiehlt es sich, schon vor der Gründung ein Profil von seinem idealen Auftraggeber zu erstellen. Doch bei mir ist es andersherum: Ich sammele zunächst einige Erfahrungen – positive wie negative – und finde so in der Praxis heraus, worauf ich in der Zusammenarbeit gesteigerten Wert lege und welche Eigenheiten nicht unbedingt sein müssen. Ich hätte es ohne diese Erfahrungen ohnehin nicht so detailliert sagen können. Jetzt aber habe ich das Essentielle wie bei einem Rubbelfeld freigelegt: Mir liegt allgemein viel an einem konstruktiven und angenehmen Umgang, der fair, partnerschaftlich und wertschätzend geprägt ist. Wie ich selbst hält auch mein Gegenüber Abmachungen, Termine und Verträge ein. Ich mag zügige Reaktionszeiten und Feedbacks in der Kommunikation sowie Eigeninitiative und Schnelligkeit bei Bereitstellungen, zum Beispiel, wenn mir der Kunde für einen Text, den ich schreiben soll, Insiderinformationen zur Verfügung stellen kann. Klarheit und Strukturiertheit sowie vollständige Briefings sind mir ebenso wichtig wie eine gute Erreichbarkeit, insbesondere bei Fragen und technischen Problemen. Der Kunde hat Vertrauen in meine Arbeit und behandelt mich nicht von oben herab. Zu guter Letzt und genauso wichtig: Honorare werden höchstens in geringem Maße verhandelt und zügig beglichen. Natürlich im Gesamtpaket eine absolute Traumvorstellung, aber es muss ja nicht gleich alles erfüllt sein ...

In jedem Fall steckt dieses Jahr voller Arbeit. Ein Projekt, in dem ich Texte für eine Beraterwebsite schreibe, und ein großes Buchlektorat runden 2016 ab. Zeitweise ist der Arbeitsaufwand offen gesprochen zu hoch, was sich in temporären Erschöpfungszuständen bemerkbar macht. Für 2017 nehme ich mir deshalb vor, eine bessere Balance herzustellen. Denn ein Selbstständiger möchte schließlich einen Marathon laufen und nicht nur 100 Meter sprinten.

1.4 Das 3. Jahr: Abenteuer als digitaler Nomade in Australien

In diesem Jahr gelingt es mir besser, ein Gleichgewicht herzustellen. Das liegt zum einen daran, dass ich sehr schnell feststelle, wann mir die Arbeit über den Kopf wächst und ich nun sofort innehalte und „Stopp" rufe. Und zum anderen, weil ich beim Besuch von Veranstaltungen Abstriche mache und zum Beispiel den Heldentreff nur noch einmal im Quartal ausrichte. Für meinen Hauptauftraggeber leiste ich außerdem ein kleineres Auftragsvolumen. Dennoch setze ich mir gleichzeitig das Ziel, neue spannende Kunden zu akquirieren. Nachdem ich mir in den ersten zwei Jahren der Selbstständigkeit einen Grundstock aufgebaut habe, selektiere ich jetzt stärker und lege noch mehr Wert auf Qualität und noch bessere Passung.

Wenn ich ein Ziel erreichen möchte und mir der Weg dorthin sehr lang vorkommt, bediene ich mich übrigens eines Tricks. Wie im Tischtennissport, bei dem ein Satz bis elf geht (ja, bis elf – übrigens seit 2001!), läuft man auch im Job Gefahr, anfangs schwer in Tritt zu kommen, weil man denkt, noch sehr viel Zeit zu haben. Ich stelle mir dann einfach vor, der Satz wäre schon fast zuende und es ginge um alles. Genauso lässt es sich auch umgekehrt handhaben und auf den Beruf übertragen: Steht man kurz davor, das Ziel zu erreichen, besteht die Gefahr, unter Umständen leichtfertig zu werden oder die Lust daran zu verlieren, es durchzuziehen. Dann bewirkt die Imagination, man befinde sich gerade am Anfang und sei voller Euphorie, dass man die Situation in der Folge ernst nimmt und weiter Vollgas gibt. Generell hilft es, Szenarien mental schon mal „vorzuspielen": Im Sport habe ich zum Beispiel vorher immer den möglichen Ablauf meiner Partien vor dem geistigen Auge durchgespielt.

Häufig hilft es auch, das Ziel in kleine Scheibchen zu unterteilen. Denn ein schneller Erfolg wird dann leichter, und Zwischenziele lassen sich auf kürzerem Weg erreichen und motivieren für das nächste kleine Ziel. Wichtig ist es auch, nicht zu gierig zu sein und Gefahr zu laufen, den übernächsten schon vor dem nächsten Schritt zu machen. Vielmehr lohnt es sich, das zu erledigen, was machbar ist und es dabei zu belassen. Wer zu viel gleichzeitig machen will, dem wird weder das eine noch das andere gelingen. Ich merke das beim Wachstum meines Unternehmens. Manchmal bin ich in meiner gedanklichen Vorstellung schon ein, zwei Jahre weiter, doch dann konstatiere ich, dass die Entwicklung mehr Zeit benötigen wird und norde mich sogleich selbst zugunsten einer gesunden Balance wieder ein.

Ich mache mich an die Akquise weiterer Wunschkunden. Und da mir die Kundensuche sehr viel Spaß macht und die Aussicht auf das Wunschresultat ein großer Antreiber ist, fällt mir das leicht. Der erste dieser Neukunden steht schließlich im Frühjahr fest und bei ihm sichere ich mir einen ganz außergewöhnlichen Auftrag.

Vier Wochen am anderen Ende der Welt

Schon seit einiger Zeit ist für mich klar, dass ich einen Monat in Australien verbringen werde. Dafür gibt es verschiedene Anlässe. Zum Beispiel private: Onkel, Tante, Cousine und Cousin leben dort, und ich möchte sie nach vielen, vielen Jahren wieder einmal besuchen. Doch ich will auch unbedingt vor Ort weiterarbeiten. Als Freiberufler lässt sich so ein längerer Aufenthalt wesentlich einfacher bewerkstelligen als in einem Angestelltenverhältnis: Meinem Hauptauftraggeber teile ich ein halbes Jahr vorher mit, in welchem Zeitraum ich nicht zur Verfügung stehe. Lästige, langwierige Urlaubsabsprachen mit mehreren Kollegen und dem Vorgesetzten fallen zum Glück weg; das sehe ich als ganz großen Vorteil der Selbstständigkeit. Als Angestellter hätte ich wahrscheinlich nicht einfach so für vier Wochen nach Australien entschwinden können.

Ein schlechtes Gewissen bereitet mir der CO2-Verbrauch, den ich durch die lange Reise verursache: Satte 13 Tonnen kommen für zwei Personen, meine Verlobte und mich, mit dem Hin- und Rückflug zusammen. Zum Vergleich: Der durchschnittliche Jahresverbrauch liegt pro Kopf mit elf Tonnen noch darunter. Reisen mit dem Flugzeug sind nach Kreuzfahrten die klimaschädlichsten überhaupt – mit deutlichem Abstand zu Auto, Bahn & Co. Ich beschließe, zumindest einen kleinen Klimaschutzbeitrag zu leisten und spende gut 300 Euro an einen seriösen Anbieter. So kompensiere ich den CO2-Ausstoß und fördere den Auf- und Ausbau von erneuerbaren Energien in Entwicklungsländern.

Um meinen Traum verwirklichen zu können, in Down Under als digitaler Nomade zu arbeiten, bemühe ich mich im Vorfeld, bei meinen Bestandskunden Themen und Artikel zu platzieren. Also informiere ich sie zunächst, dass ich bald auf Achse sein werde, sie mir aber per E-Mail mitteilen können, wenn sie Bedarf an Texten haben. Meinen Laptop nehme ich mit und für Internet ist gesorgt – der Unterschied zu sonst ist also auf den ersten Blick gar nicht so groß. Darüber hinaus verfasse ich konkrete Exposés mit Themenvorschlägen und bleibe hartnäckig, wenn die ersten Ideen abgelehnt werden. Kurz bevor ich abreise, habe ich das erreicht, was ich wollte: Ich nehme vier tolle Aufträge mit ins Gepäck nach Australien!

Einer davon ist für ein Medienmagazin für Journalisten. Der Job hierbei: deutsche Kollegen, die von Australien aus für deutsche Medien arbeiten, zu interviewen und eine Story darüber zu verfassen, wie sie es schaffen, Beiträge zu verkaufen und eine Nische zu finden.

Doch bevor wir uns aufmachen, die 16.000 Kilometer zurückzulegen, geht es erst einmal darum, die nötigen Vorkehrungen zu treffen. „Welche technischen Hilfsmittel und digitalen Unterlagen nehme ich mit?", ist die Frage, die ich mir beim Kofferpacken stelle. Zum einen will man auf so einer Weltreise natürlich nicht alle wichtigen Daten mit sich herumtragen, zum anderen haben wir nur begrenzt Platz und auch das Gewicht der Koffer muss stimmen. Die Frage ist schnell geklärt: Mir reichen der Laptop und ein USB-Stick, mit dem ich für die Erstellung von Kundenrechnungen, die Umsatzsteuervoranmeldung und gegebenenfalls für das Schreiben von Angeboten gerüstet bin. Mein Smartphone dient als Diktiergerät für die Interviews. Da wir die Strecke von Sydney nach Melbourne mit einem Wohnmobil zurücklegen, haben wir ein iPad mit 1 Gigabyte W-LAN dazugebucht. Außerdem stehen uns auf den Campingplätzen, die wir ansteuern werden, automatisch immer wieder kleine Internetguthaben pro Tag zur Verfügung. Wenn absehbar ist, dass die Internetverbindung für das Schreiben des Artikels einmal begrenzt oder sehr langsam ist, sorge ich vor, indem ich der Recherche im Netz oberste Priorität beimesse und den Text zur Not auch ganz ohne Internet herunterschreiben kann. Zudem habe ich meinen Abnehmern einen Lieferzeitpunkt genannt, der mir genügend Puffer lässt, falls etwas Unvorhergesehenes passiert und die Fertigstellung sich verzögern sollte.

Doch es läuft alles glatt. Und auch die Zeitverschiebung spielt mir in die Karten: Da ich mich gerne am späten Abend an den Rechner setze, kann ich mit Deutschland kommunizieren, wenn dort der Arbeitstag gerade erst begonnen hat. Kurzum: Ob ich meine Artikel in der gleichen Stadt oder in einem weit entfernten Land schreibe, spielt in diesem Fall keine Rolle. Im Gegenteil: Weit weg von zuhause gefällt es mir noch besser, da ich den Tag zur freien Urlaubsgestaltung und zur Erkundung der Orte nutze und erst dann, zu meiner Schokoladenzeit, beginne zu arbeiten.

Aufgeweckt vom „lachenden Hans"

Zwischen meinen Artikeln über günstigen Strom und wie man auch mit Kindern preisbewusst und ökologisch leben kann, genieße ich, was mir das Land in der weiten Ferne bietet. Von meinem temporär zum Arbeitsplatz erkorenen Balkon blicke ich am frühen Morgen direkt auf das Meer. Die Sonnenstrahlen reflektieren auf dem türkis-blauen Wasser. Durch den dichten Urwald strömt warme und unglaublich reine Luft. Australiens populärster Vogel, der Kookaburra, auch „lachender Hans" genannt, hat spätestens jetzt den letzten Langschläfer mit seinen Klängen aus dem Bett geholt.

Mit dem Wohnmobil fahren wir einige Tage später von Sydney bis Melbourne einen kleinen Teil der Ostküste ab. Auf einem der Campingplätze ist es etwas gruselig, weil an der Beleuchtung gespart wurde und wir zu den wenigen Campern weit und breit gehören. Nur eine Lampe spendet uns Licht für unser Abendessen, das wir direkt neben unserem Wohnwagen verzehren. Auf einmal hören wir ein schreckliches Krächzen und Fauchen. „Was war das?!" Ich drehe mich fragend um. Nichts zu sehen. Kurze Zeit später rasselt es aus dem Gebüsch. Ich kann noch nicht einmal sagen, ob es vom Boden oder aus der Luft kommt. Es ist beängstigend. Vermutlich treibt hier ein Possum oder Flughund sein Unwesen. Uns bleibt nur munteres Rätselraten, weil es stockduster ist.

Es ist schon gewöhnungsbedürftig, dass nach der Abreise aus dem deutschen Frühling in Australien Herbst ist und schon ab fünf, sechs Uhr die Dunkelheit anbricht. Dementsprechend früh beginnen wir mit dem Sightseeing. Wir streicheln wilde Kängurus, die friedlich an einem Strand Rast machen, beobachten Delfine, bunte Papageien sowie schläfrige Koalas und nehmen puderzuckerfeinen Sand an den vielen schönen Stränden in die Hand. Natürlich dürfen auch der Sprung in den Pool und der Blick aufs Meer nicht fehlen. In Melbourne habe ich außerdem die Gelegenheit, mit einer australischen Olympiateilnehmerin Tischtennis zu spielen. Kurzum: Für tolle neue Eindrücke und Erholung ist gesorgt. Tierwelt und Vegetation sind in Down Under auf jeden Fall einzigartig und nachhaltig beeindruckend.

Was ich an den Australiern besonders angenehm finde: Sie sind höflich, sagen zum Beispiel „Sorry", selbst wenn andere sie versehentlich anrempeln. Und durch die vielen Tempolimits – verbunden mit drastischen Strafen – liegt die Geschwindigkeit auf den Autobahnen im Durchschnitt bei 100 bis 110 Stundenkilometern. Auch das reduziert den Stress und macht wahrscheinlich einen Teil der lässigen Lebensweise der Australier aus. Frei nach dem Motto „no worries" – keine Sorge.

Damit nun auch der Text über die deutschen Journalisten eine runde Sache wird, treffen wir uns mit diesen Kollegen in den Großstädten zum Interview. Ein Duo, wovon ein Journalist ursprünglich aus Köln stammt, treffen wir in Sydney in der Nähe unseres eigenen Aufenthaltsortes. Es ist ein warmer Tag und der relativ kurze Anfahrtsweg, für australische Verhältnisse fast schon eine mikroskopisch kleine Strecke, eignet sich für einen Spaziergang. Wir durchschreiten den „Spit Walk" und machen Halt am idyllischen Gewässer des „Middle Harbour". Hier gibt es feinen Sandstrand, kristallklares Wasser und viel Grün. Die kleine parkähnliche Anlage lädt zum Verweilen ein. Als wir von dort einige Stunden später die Straße wieder hochwandern und Luxusvillen am Hang passieren, gelangen wir an eine Gabelung. Plötzlich bemerken wir am Wegesrand ein Spinnennetz. Kurz darauf entdecken wir auch den kleinen Bewohner, der es sich darin in etwa 1,50 Meter Höhe gemütlich gemacht hat. „Ob die wohl giftig ist?", fragen wir uns, die wir trotz der Lektüre eines Buches über giftige Tiere in Australien nicht sicher sind, welche der heimischen Spinnen diese nun ist. Besser mal weitergehen und Obacht geben bei jedem Schritt, insbesondere in engen Gassen ...

In den Gesprächen erfahren wir, dass es für Deutsche, die neu nach Australien einwandern wollen, schwer ist, als Journalist Fuß zu fassen. Gleichzeitig ist für jene, welche schon eine Weile dort sind, jede Menge Arbeit dazugekommen, nachdem Angela Merkel das Land 2014 besuchte. „Australien wird seitdem mehr beachtet, die Bemühungen von deutscher Seite an einer Zusammenarbeit sind größer geworden", sagt uns einer unserer Kollegen. Was er uns noch erzählt: „Heute musst du crossmedial fit sein". Es reiche als Journalist nicht mehr, nur noch in einem dieser Medien glänzen zu können. Zudem schrumpfe die Leserschaft in den klassischen Medien, auch durch die Möglichkeiten, die das Internet bietet. Alles Entwicklungen, die wir hierzulande ebenfalls feststellen. Doch gibt es zumindest Themen, die sich von Australien aus gut verkaufen lassen; solche nämlich mit Bezug zu Deutschland: Urlauber, die Vorsichtsmaßnahmen missachtet haben und durch Krokodile beispielsweise in Gefahr geraten sind. Generell funktionieren, so die Journalisten, auch Dokus über Giftspinnen, Haie und Co. oder Literatur über Expats auf der ganzen Welt, also über Fachkräfte, die für eine bestimmte Zeit an eine ausländische Zweigstelle entsandt werden.

Alles in allem kann ich nach der Reise sagen: Zeit- und ortsunabhängiges Arbeiten und dabei genügend Sonne und Meerluft tanken, ist auch in Australien möglich. Es hat sich gelohnt. So fühlt sich Freiheit an! Als ich zurückkomme, ist der Anblick von saftig-grünen Bäumen und angenehmer Helligkeit bis in die späten Abendstunden so gewöhnungsbedürftig, dass ich eine Woche für die Akklimatisation brauche.

Systematisches Empfehlungsmanagement

Zurück in Deutschland merke ich, dass ich immer mehr von Mundpropaganda profitiere. Nachdem ich in den vergangenen zwei Jahren einige Projekte mit später zufriedenen Kunden gestemmt habe, spricht sich das mehr und mehr herum. „Über ein paar Umwege habe ich den Tipp bekommen ...", lautet häufig der Anfang von E-Mails, die mich erreichen und in denen ich um Unterstützung bei der Pflege eines Blogs oder das Texten für Websites gebeten werde.

Mein Empfehlungsmanagement habe ich mir systematisch aufgebaut: Kunden, die regelmäßig meine Dienste in Anspruch nehmen, bitte ich nach erledigten Aufträgen um ein Statement, das ich anschließend mit Namen und Unternehmen des Ansprechpartners auf meiner Website und über die verschiedenen Google-Dienste verbreite.

Natürlich freut mich die gestiegene Weiterempfehlungsquote, denn einerseits ist das ein Beweis für gute Arbeit, andererseits ein weiterer Akquise-Baustein, der mir etwas Zeit dabei erspart, selbst auf potenzielle Kunden zuzugehen.

Und je mehr Kundenwünsche eintrudeln und je mehr Aufträge ich abwickle, desto größer wird mein Selbstbewusstsein. Und desto gelassener gehe ich in Neukunden-Akquisegespräche. Das heißt: Ich habe mir eine Basis geschaffen, auf die ich aufbauen kann. Und die mir die Sicherheit gibt, dass ich nicht unbedingt auf jedes neue Projekt angewiesen bin und viel eher auch mal eine Anfrage ablehnen kann, wenn es gerade zeitlich, thematisch oder von der Chemie nicht ganz passt. Und dieses Nein-Sagen ist wichtig. Denn oft weiß ich schon, bevor ich loslegen würde, dass ich mir im übertragenen Sinne ein Bein brechen müsste, um die Aufgabe zu erledigen. Ganz einfach deshalb, weil sie nicht meinen Spezialthemen entspricht, in denen ich mir eine Expertise aufgebaut habe. Ich benötige immer mehr Zeit und Anstrengung, wenn ich mich in neue Themengebiete einarbeite, und das macht einen Auftrag wirtschaftlich ineffektiv. Ab dem dritten Jahr möchte ich daher nur noch über Themen schreiben, in denen ich mich bestens auskenne. Und ich führe ein Auftragsbuch, um den Überblick zu behalten: welcher Kunde, welches Projekt, welches Honorar? Ist der Text veröffentlicht, ist das Zahlungsziel eingehalten, „hängt" ein Auftrag und woran liegt das? All dies ist darin festgehalten.

Meine wertvollen Bestandskunden buchen mich in unregelmäßigen Abständen immer wieder – auch weil ich stets aufs Neue den Kontakt zu einzelnen Mitarbeitern oder den Geschäftsführern suche, erst recht, wenn ich nicht gebucht werde. In der Mitte des Jahres gewinne ich einen weiteren großen Kunden. Mein Trumpf: Ich steche PR-Agenturen aus, weil bei ihnen natürlich ein ganz anderer Apparat dranhängt und ich als Einzelunternehmer vergleichsweise schlanker kalkulieren kann. Bei anderen Kunden zeigt sich, dass es mir einen Wettbewerbsvorteil verschafft, vor Ort beim Auftraggeber zu arbeiten. Für viele Entscheider ist das ein wichtiges Kriterium, denn so ist eine gute Abstimmung gewährleistet. Manchmal sind es auch technische Restriktionen, die eine persönliche Anwesenheit erfordern. Ansonsten arbeite ich sehr gerne im Home-Office. Die Mischung aus Kontakt und Austausch auf der einen Seite und Ruhe in den eigenen Räumen auf der anderen Seite finde ich gut.

Zu Gast bei der Sporthochschule Köln

Der Heldentreff weitet sich währenddessen auf ganz Deutschland aus. Düsseldorf, Aachen, Krefeld, sogar Stuttgart und Hamburg sowie Münster habe ich außer meiner Heimatstadt Köln schon zum Austragungsort gemacht. Es hat sich eine treue Gefolgschaft gebildet, die sich regelmäßig anmeldet und vorbeischaut. Die Meisten, die einmal teilgenommen haben, sagen, dass sie es toll fanden und gerne wiederkommen. Meist verbunden mit der Frage, wann der nächste Heldentreff ansteht.

Einige Teilnehmer sprechen mich manchmal darauf an, warum ich den Stammtisch überhaupt ausrichte und was ich davon habe. Nun, zum einen bin ich stets gut informiert, weil ich das Ohr am Herz der Medienszene habe und mit vielen Menschen in Kontakt komme, die mir über ihren Joballtag berichten. Ich gewinne regelmäßig neue Netzwerkpartner dazu und intensiviere darüber hinaus die Beziehung zu bereits bestehenden. Und dann erzeuge ich mit dem Stammtisch Interesse und Aufmerksamkeit nach außen. Meine Arbeit wird stärker wahrgenommen und schafft einen Wiedererkennungswert. Zudem betreibe ich mit dem Heldentreff Vertrauensaufbau und löse Jobanfragen aus: Potenzielle Kunden registrieren meine Aktivität und sehen mich als den geeigneten Experten für ihr Problem. Dass ich nicht nur in Köln, sondern in ganz Deutschland und planmäßig sogar noch darüber hinaus netzwerke, unterstreicht meine grundsätzliche Einstellung, über den Tellerrand zu schauen und neue Verbindungen zu schaffen. Der Stammtisch beweist, dass es auch mit vergleichsweise kleinen Mitteln und Aufwendungen möglich ist, Großes zu (er)schaffen. In meiner Heimatstadt Köln ist der Heldentreff regelmäßig innerhalb von 24 Stunden ausgebucht. Oft ergeben sich noch Wartelisten mit einem Dutzend weiterer Interessenten.

Knackevoll ist auch der Vorlesungssaal der Deutschen Sporthochschule Köln, kurz SpoHo, in die zwei Journalistenkollegen und ich Mitte November vom Deutschen Journalisten-Verband eingeladen werden. Es ist Karrieretag in Köln und zahlreiche Studenten der Sportpublizistik und des Sportjournalismus sind gekommen, um sich über Perspektiven für ihre Zukunft zu informieren. Wir drei „alten Hasen" möchten den „jungen Wilden" in einem 90-minütigen Gespräch Einblicke in unseren Job-Alltag gewähren und konkrete Fragen beantworten.

Nachdem auch ein kleines Kamerateam eingetroffen ist, nimmt eine wissenschaftliche Mitarbeiterin der SpoHo die kurze Anmoderation vor. Anschließend stellen wir Protagonisten uns vor. In der offenen Runde teilen uns die Zuhörer ihre Interessen mit: Honorarkalkulation, Networking, Bürokratie. Es sind die üblichen Themen, die neugierig abgefragt werden. Im Rahmen der Veranstaltung sprechen wir über Existenzängste und wie wichtig es ist, Rücklagen zu bilden. Über Selbstvermarktung und Storytelling. Darüber, warum Forderungsmanagement und Rechtsschutz dazugehören. Und das absolute Lieblingsthema: Akquise. „Normalerweise schreibst du ein Exposé, wenn du Redaktionen Themen vorschlagen möchtest", gebe ich einem Studenten auf den Weg. „Darin enthalten sind alle wichtigen Informationen, die für die Geschichte von Bedeutung sind. Es klärt W-Fragen (wer, wie, was, wo, wann, wozu, warum?) und streicht den Mehrwert für den Abnehmer heraus. Generell empfehle ich den Teilnehmenden, einfach verschiedene Wege auszuprobieren und keine Scheu zu haben. Das, was funktioniere, könnten sie dann weiterverfolgen. Vom Veranstalter erhalten wir im Nachgang positives Feedback. Es hat allen gefallen – super.

Das anstrengende und zugleich total schöne Jahr lasse ich ab Mitte Dezember ausklingen. Entspannen und zurückschauen, lautet mein Motto nach so vielen Erlebnissen. Für 2018 habe ich mir auch einiges vorgenommen. So geht es zum Beispiel für fünf Wochen nach Griechenland – Arbeiten und Urlauben bei Sonnenschein und 25 Grad. Wer hätte das vor drei Jahren noch gedacht ...?

1.5   Meine Bilanz als Selbstständiger: Ich will nie mehr tauschen

Es gibt ja diesen Spruch: „Wenn du dich selbstständig machst, hast du nach spätestens drei Jahren zwei Optionen: Entweder du gibst auf oder du willst nie mehr tauschen." Ich entscheide mich für Letzteres: Nach dem heutigen Stand möchte ich nie wieder tauschen. Die Verantwortung in meiner Arbeit ist aktuell größer denn je. Denn auch, wenn ich immer häufiger von anderen auf meine Leistungen angesprochen und für diese empfohlen werde, kann ich mich nicht auf meinen Lorbeeren ausruhen. Doch das will ich auch gar nicht, denn ich möchte ja vorwärtskommen und nicht stehen bleiben. Der Lernfaktor in der Selbstständigkeit ist enorm hoch, das empfinde ich als sehr positiv. Außerdem ist Kundenakquise für mich keine Qual. Im Gegenteil: Marketing, das Werben um neue Auftraggeber, Netzwerken und neue Bekanntschaften schließen – all das macht mir sehr viel Spaß. Es ist diese ungeheure Abwechslung, die ich mir schon immer gewünscht habe und nun voll ausleben kann. Ein ganz großes Plus der Selbstständigkeit! Insgesamt habe ich viel Freude, weil ich mich und mein Unternehmen stark weiterentwickeln kann. Das Arbeiten für mich selbst gibt mir ungeheure Energie und beflügelt mich. Die Ideen sprudeln, was dazu führt, dass ich mehr die Chancen für neue Wege sehe als die Probleme. Auch, weil viele Konversationen und Erlebnisse, die im Privaten stattfinden, in das Unternehmen hineinspielen. Arbeit und Privatleben verschmelzen. Wenn ich möchte, kann ich beides aber auch trennen. Die Selbstständigkeit ist sogar zu einem richtigen Suchtfaktor geworden, weil sie so viele Möglichkeiten bietet, zu lernen, zu wachsen und sich auszutoben.

Ich glaube, es ist einfach eine Frage der Lebenseinstellung: Meine sieht mittlerweile so aus, dass es mich genauso entspannt, wenn ich in einem langen Urlaub wie dem in Australien auch arbeiten kann, wie wenn ich mir im Arbeitsalltag zuhause einige Tage zwischendurch freinehme. Alles mit Gelassenheit und ohne schlechtes Gewissen. Denn letztendlich kommt es darauf an, wie man sich selbst steuert und organisiert. Und in meinen Augen ist es eine Mär, dass alle Selbstständigen ständig unter Strom stehen und nie rasten können. Mir bleiben genügend Freiräume, wahrscheinlich sogar so viele wie noch nie: Ich habe mir in den letzten Jahren sehr oft Urlaub genommen, erledige Projekte höchstens freiwillig am späten Abend und Wochenende – und dennoch bin ich mit meinem Verdienst zufrieden. Wichtig ist, dass das Unternehmenskonzept und die Strategie stimmen. Natürlich sieht die Situation anders aus, wenn andere Verpflichtungen dazukommen, wenn ein Unternehmer eigene Angestellte hat, eigene Büros mietet oder Kredite aufnimmt. Zum Glück muss und will ich das nicht. Das trägt sicher auch zum hohen Freiheitsgrad bei.

An manchen Tagen habe ich totale Lust darauf, Vollgas zu geben, an anderen lasse ich es ruhiger angehen. Der Schnitt dabei ist ein guter. Und es gibt, wie ich finde, nichts Quälenderes, als dazu verdammt zu sein, an seinem Arbeitsplatz zu kleben und Stunden zu füllen, weil die Präsenzzeit es vorschreibt – selbst, wenn es keinen Sinn macht. So ist es ein viel effizienteres Arbeiten, wenn jeder wirklich nur dann arbeitet, sobald etwas Konkretes ansteht. Ich investiere viel und ich ernte viel – insofern ist das System Selbstständigkeit das Modell, das mir dafür den maximalen Output liefert.

Was ich dazu sagen muss: Ich mache meine unternehmerische Arbeit mit Haut und Haaren. Bedeutet gleichzeitig: Dass jemand seine Selbstständigkeit halbherzig auf Erfolg versprechende Beine stellen kann, kann ich mir nicht vorstellen. Im Gegenteil: Es braucht die volle Konzentration. Unternehmertum ist ein Großprojekt!

Seit ich gegründet habe, hatte ich mit so vielen verschiedenen Menschen zu tun, und das erlebe ich als etwas total Spannendes und sehr Bereicherndes – in persönlicher und thematischer Hinsicht. Einige Male haben mir festangestellte Kollegen entgegnet: „Dann musst du dich ja immer wieder auf neue Menschen und Projekte einstellen!" Für mich macht genau das den Reiz aus. Langeweile kommt so gar nicht erst auf. Jeder Kunde tickt anders, hat andere Bedürfnisse und bringt andere Herausforderungen, auch wenn gewisse Schnittmengen natürlich immer vorhanden sind. Und man lernt so viel Neues kennen und kommt dabei unheimlich viel herum. Selbstständigkeit ist ein ganzheitlicher Ansatz: Ich beschäftige mich sehr intensiv mit mir selbst, meinen Stärken und Wünschen sowie meiner Ausrichtung. Und dem, was ich nicht so gern mag, aber definitiv nötig ist. Freiheit und Wachstum!

Auch, mit wem ich vornehmlich zusammenarbeite, also meine Partner und Kollegen, kann ich mir häufig selbst aussuchen. Ich alleine entscheide, wer meinem Empfinden nach die meiste Kompetenz in einer speziellen Disziplin mitbringt, um mit mir auf den Zug aufzuspringen oder wer mir menschlich so sympathisch ist, dass ich das Projekt am liebsten mit ihm zusammen stemme. Genauso lässt sich eine Kooperation schnell wieder beenden, wenn das Gefühl entsteht, dass die Beziehung nicht mehr so harmoniert wie einst. Das bedeutet ein hohes Maß an Flexibilität und ich empfinde es als sehr komfortabel.

In meiner Zeit als Angestellter fühlte ich mich gefangen in monotonen Routinen und in Teilen durch Mikromanagement fremdbestimmt. Ich konnte nicht mein volles Potenzial ausschöpfen und fühlte mich gebremst. Anfangs lebte ich nebenberuflich-selbstständig das aus, was mir große Freude bereitete. Ich kann das jedem nur empfehlen, wenn er Unternehmertum in ruhigem Fahrwasser einmal ausprobieren möchte, um danach entweder im seichten Übergang oder nach hartem Schnitt ganz hinüberzuwechseln. Denn auch mir reichte die Nebentätigkeit auf Dauer nicht. Da ich wusste, was ich will, nämlich ein Leben in Freiheit für kreative Momente und neue Erfahrungen, wollte ich ausbrechen und mich verändern. Doch der heilige Gral, die Sicherheit, lähmte mich. Ich zitiere an dieser Stelle Catharina Bruns: „Die Kultur des ‚Angeleitetseins' hat dazu geführt, dass den Leuten die Selbstständigkeit so schwerfällt."

Und deshalb wünsche ich mir, dass zukünftige Generationen von Anfang an eine selbstwirksamere und eigenverantwortlichere Haltung einnehmen und sich nicht so sehr von anderen und deren Urteilen abhängig machen. Ich wollte nicht mehr vier oder fünf Mal die Woche von nine to five zur Arbeit gehen – und das ein ganzes Jahr lang, jedes Mal aufs Neue. Ich wollte Vielseitigkeit: Mal so viel wie möglich an einem Projekt oder mehreren arbeiten, mit vollem Elan und mit größter Detailtiefe. Und dann wieder zwischendrin innehalten, nicht fakturiert arbeiten, sondern durchschnaufen, genießen und neue Inspirationen sammeln, um sodann mit frischem Geist wieder neu anzugreifen. Heute kann ich viel eher nach meinem eigenen Bio-Rhythmus leben. Sicherheit erlange ich vor allem innerlich: durch meine Eigenverantwortung und durch die Möglichkeit, Entscheidungen zu treffen. Aber auch äußerlich: durch viele verschiedene Auftraggeber und stetiges Weiterakquirieren, damit gar nicht erst der Fall eintritt, in einer Notlage zu sein. Die Anzahl der Kunden wächst und wächst, sodass die Last auf mehrere Schultern verteilt ist und ich immer unabhängiger werde. Wenn dann ein Standbein wegbricht, geht es mit einem anderen Projekt weiter. Ich habe heute viel mehr Lösungen in petto, weil ich kreativer dabei bin, zu überlegen, wie es auch anders gehen könnte. Das bezieht sich natürlich auch auf die für Unternehmer so wichtigen neuen Erlösquellen. Bildlich gesprochen könnte man sagen: Ich betrachte den Würfel nun von allen Seiten statt ausschließlich frontal.

Die Basis für diesen Lohn sehe ich darin, dass ich unfassbar viel gesät habe und zeitlich versetzt – Geduld ist gefragt! – ernten durfte. Dazu sondierte ich die vielen Möglichkeiten, probierte sie aus, priorisierte und kam zu einer Entscheidung. Diese trug ich dann mit allen Konsequenzen. Ein spannender Prozess.

Ich habe mittlerweile auch eine ganz andere Einstellung zur Arbeit. Ich sehe sie längst nicht mehr als notwendiges Übel, um den Lebensunterhalt zu sichern, sondern als schönen Teil meines Lebens. Dementsprechend integriere ich sie gerne und genieße ganz besonders die Zeit, die ich freiwillig in mein Unternehmen stecke. Es ist schön, zu arbeiten, wenn man kann und will – und nicht, wenn man soll und muss. Ich glaube sowieso, dass es eine Frage der Priorität ist, welchen Wert man der Arbeit im eigenen Leben geben will. Es gibt Leute, die machen ihren Job und wenn sie nach Hause kommen, haben sie die Arbeit vergessen. Für sie ist Arbeit der Broterwerb und andere Dinge sind wichtiger. Das ist völlig okay. Andere möchten Karriere machen und sind sehr ehrgeizig. Wieder andere wollen ihre Berufung leben. Nur, was nicht passieren darf, ist, dass man ständig mit einem schlechten Gefühl seinen Job macht und sich damit beschäftigt, Wege zu finden, wie sich die unangenehme Lage besser aushalten lässt. Das KANN NICHT gut gehen.

Was ich heute anders machen würde? Ich hätte früher angefangen zu netzwerken und als Angestellter schon mehr die Augen offengehalten und nach links und rechts geguckt. Ich hätte lieber früher einen „Tritt in den Arsch" bekommen. Durch die tiefe Krise stand ich mit dem

Rücken zur Wand und hatte nichts zu verlieren. Schöner wäre es gewesen, aus eigenem Antrieb heraus früher in die Selbstständigkeit gestartet zu sein. Und ich hätte lieber früher angefangen, mein Leben intelligenter einzurichten und überwiegend das zu machen, was ich am besten kann. Das routinierte deutsche Standardleben trichtert uns ein, dass wir alles selbst erledigen müssen und keine großen Alternativen haben. Doch weit gefehlt: Indem wir sinnvoll in andere investieren und am Ende sogar mehr davon haben, schaffen wir uns eine ganz andere Lebensqualität. Indem wir uns aktiv das gewünschte Umfeld schnitzen und uns holen, was wir brauchen, sind wir selbst die Gestalter unseres Lebens – und kommen aus dem Hoffen und Abhängig-Sein heraus.

Die Phase von drei Jahren ist abgeschlossen. Ich hatte Zeit, eine Existenzgrundlage aufzubauen und Lernerfolge zu erzielen. Das Fundament ist geschaffen und ich habe viele ganz wunderbare Kunden, mit denen ich zusammenarbeite. Ich durfte viele eigene Erfahrungen sammeln und habe mir eine Menge von anderen abgeschaut. Durch meine Erlebnisse in der Vergangenheit habe ich noch vor der Selbstständigkeit gelernt, alles in Frage zu stellen, was andere sagen und meinen eigenen Weg zu gehen: Experimentieren, Anpassen, Experimentieren, Anpassen – trial and error. Der Stein wird immer mehr geschliffen. Ich habe eine Vision, wie ich leben und arbeiten möchte. Und alles, was ich tue, zahlt darauf ein. Jetzt geht es darum, diese Grundlage zu stabilisieren und dann zu schauen, wie ich mein Business aufs nächste Level hieven kann.

Ich bin noch lange nicht am Ende meines Weges und werde ihn konsequent weitergehen. Mit Mittelmaß und dem Status quo möchte ich mich nicht länger abfinden. Ich wünsche mir in unserer Gesellschaft unkonventionelle Fragestellungen und aktives Experimentieren statt fester Stereotypen und eingefahrener Muster.

Zum Schluss erkläre ich noch, was Heldentexte eigentlich bedeutet: Heldentexte sind Texte für Helden. Meine Texte – für Unternehmen, die dazu beitragen, die Welt gesünder, grüner und lebenswerter zu machen. Mir geht es darum, wirtschaftlich erfolgreich zu sein, um die Basis zu schaffen, noch gezielter für Helden arbeiten zu können. Für Helden, die Sinn stiften. Ich will anderen dazu verhelfen, das zu erreichen, was ich schon geschafft habe: ein Business aufzubauen, von dem man gut leben kann und dabei Spaß zu haben, die Arbeit leidenschaftlich-engagiert und mit viel Kreativität auszuführen, das gesamte Potenzial auszuschöpfen, die individuellen Fähigkeiten einzubringen und echten Nutzen zu generieren. Ich will andere damit ein wenig anstecken. Ich wünsche mir ein geistig flexibleres Denken und ausgefallene Lösungen. Mut zur Veränderung statt Angst und Schrecken. Bestehendes in Frage stellen, bis zum Ende zuhören statt vorschnell urteilen, sich gegenseitig fair behandeln, anpacken statt ohnmächtig zu verweilen, Verantwortung übernehmen statt andere für sich entscheiden zu lassen. Ich will diese langen und unfreundlichen Gesichter, die uns im Alltag immer wieder begegnen, nicht mehr sehen. Für mich war die Selbstständigkeit der Goldschatz, für andere geht das auch im Angestelltenverhältnis. Wichtig ist nur, zu handeln, wenn die Zeit dafür reif ist. Und sich nicht von dem, was landauf landab gesagt wird, abhalten zu lassen.

Ein Wort noch zum „selbst" in „selbst und ständig": Ich finde es entlarvend und es sollte uns zu denken geben, dass wir das "selbst" als etwas besonders Aufreibendes für unser (Arbeits-)Leben auffassen. Wer sonst, wenn nicht wir Erwachsenen selbst, sollte sich denn bitte schön ständig für uns verantwortlich fühlen? Es zeigt, wie stark wir in der Denke gefangen sind, jemand anderes möge den Heilsbringer für unser Leben spielen.

Ich bin mir sicher, dass du aus diesem Buch etwas mitnehmen konntest. Egal, ob du zurzeit angestellt oder selbstständig bist. Hand aufs Herz: Konntest du dich wiederfinden? Ist es dir ähnlich ergangen? Oder bist du komplett anderer Meinung? Schreib mir oder sprich mich an. Was hat dir gefallen, was siehst du skeptisch, was wüsstest du noch gerne? Ich bin offen für Kritik, Lob und Anregungen. Lass uns ins Gespräch kommen!

Auf meiner Website *heldentexte.de* sind meine Kontaktdaten hinterlegt – und der Verweis auf meinen Stammtisch sowie die entsprechende Xing-Gruppe, falls du „irgendwas mit Medien" machst und einmal (oder ganz oft) beim *Heldentreff* vorbeischauen willst. Danke für deine Aufmerksamkeit!

2| Das Erfolgspuzzle: Die sechs Bausteine

Was habe ich in diesem Abschnitt vor? Ich möchte meine Erfahrungen gerne weitergeben und dir erzählen, welche Zutaten meiner Meinung nach für meinen Erfolg hilfreich waren. Deshalb erkläre ich im zweiten Teil dieses Buches, worauf es aus meiner Sicht insbesondere für Solo-Unternehmer und Dienstleister ohne eigene Angestellte genau ankommt. In drei Jahren Selbstständigkeit habe ich hautnah erlebt, welche Fähigkeiten und Eigenschaften meine Kunden und mein Umfeld positiv aufgenommen und mich weitergebracht haben. Dabei kommt es abgesehen von Management-Aufgaben immer darauf an, sowohl die Rolle des ausführenden Künstlers als auch die des strategischen Unternehmers einzunehmen. Außerdem ist es wichtig, dass du dir einen Plan machst, bei dem du dir die wichtigsten Fragen zu deiner Entwicklung VOR dem Start stellst und nicht erst dann, wenn das Kind bereits in den Brunnen gefallen ist.

Auch die zehn Jahre, in denen ich als Angestellter gearbeitet habe, waren in dieser Hinsicht lehrreich. Zudem habe ich in all den Jahren Kollegen beobachtet und geschaut, was bei ihnen gut und was schlecht läuft. Und schließlich bin ich natürlich häufig selbst Kunde und kann daher beurteilen, welche Schritte mir zusagen und an welchen Punkten ich beim Dienstleister meines Vertrauens skeptisch werde und sich mein Bauchgefühl ändert.

Im Wesentlichen besteht mein Erfolgspuzzle aus sechs Bausteinen, wobei einige Aspekte fließend in andere Rubriken übergehen. Ich vergleiche das Puzzle gerne mit der Suchmaschinenoptimierung: Je mehr Parameter ich berücksichtige und korrekt anwende, desto größer ist die Wahrscheinlichkeit, dass ich mich verbessere. Und es dient als eine Art Checkliste, anhand derer du siehst, woran du noch arbeiten kannst und in welchen Punkten du schon ein echter Champ bist. Auch wenn du angestellt arbeitest: Schau über deinen eigenen Tellerrand und guck, was du auf deinen Schaffenskreis adaptieren kannst!

Ich gehe nicht auf jeden Aspekt im Detail ein, das würde den Rahmen sprengen. Aber was ich für besonders wichtig erachte, erkläre ich anhand konkreter Beispiele, damit du eine echte Hilfestellung bekommst. Und weil es so viele nützliche Tipps aus der Praxis sind, steht dir jeweils ein weißes Blatt Papier zur Verfügung, auf dem du dir notieren kannst, was dir wichtig ist und woran du arbeiten möchtest.

2.1 Unternehmerdenke

Fangen wir mit dem Wichtigsten an! Insbesondere für Selbstständige ist eine ausgeprägte unternehmerische Denke von enormer Bedeutung. In erster Linie musst du dich selbst als Unternehmer und nicht als Arbeitnehmer im Gewand eines Selbstständigen begreifen. Das ist eine Frage der Haltung und muss überall und in allen Aktionen sichtbar sein.

Die absolute Basis für ein erfolgreiches und erfülltes Arbeiten ist, frei von Existenzängsten zu sein. Wenn du dir unsicher bist oder dir anfangs das nötige Kapital zur Absicherung fehlt, nimm einen Teilzeitjob an und starte nebenberuflich in die Selbstständigkeit. Im Laufe der Zeit kannst du dich so aus deiner sicheren Teilzeitstelle heraus komplett der Selbstständigkeit widmen. Vielleicht gehörst du aber auch zu den wenigen Glücklichen, zu denen auch ich zähle, die als hauptberuflich Selbstständiger in den Genuss des Gründungszuschusses kommen. Diese finanzielle Starthilfe, die über sechs Monate von der Bundesagentur für Arbeit gezahlt wird, ermöglicht es dir, dich voll und ganz dem Unternehmensaufbau zu widmen. In jedem Fall ist es gut, einen Plan B zu haben, falls Plan A scheitert. Frag dich also: Was mache ich, wenn die Unternehmensgründung nicht so funktioniert, wie ich mir das vorstelle? Was würde schlimmstenfalls passieren? Mit den Antworten im Hinterkopf wirst du gelassener gründen.

Mir persönlich hat es im weiteren Verlauf meiner Selbstständigkeit geholfen, dass ich einen Auftraggeber hatte, der mich für einen längeren Zeitraum fest gebucht hat. Gerade in meinem Bereich praktizieren viele Agenturen und öffentlich-rechtliche Anstalten dieses Modell gerne. Achte nur darauf, hierbei nicht in die Scheinselbstständigkeit abzugleiten! Das heißt: Bediene genügend andere Kunden, um nicht von einem einzigen Auftraggeber abhängig zu sein. Zwar wird nicht der Selbstständige und dessen Anzahl an Kunden geprüft, sondern es steht die Beschäftigung des Selbstständigen beim jeweiligen Kunden selbst im Fadenkreuz.

Meine Notizen

Doch, wenn du dich zu sehr auf ein Arbeitsverhältnis konzentrierst, ist die Wahrscheinlichkeit groß, dass du dort dann auch weisungsgebunden und in die betrieblichen Abläufe eingegliedert bist. Sieh also eigenverantwortlich zu, dass du zeitlich und fachlich dein eigener Herr bleibst, selbst über deinen Urlaub bestimmst und möglichst eigene Hardware und keine E-Mail-Signatur der Agentur, des Senders oder eines anderen Auftraggebers verwendest.

Auf jeden Fall sind regelmäßige Einnahmen in ausreichendem Maße unabdingbar, damit du den Kopf frei hast. Denn alle Kosten müssen gedeckt sein und du benötigst zusätzliche Einnahmen, damit du dein Unternehmen auch langfristig führen und Rücklagen fürs Alter bilden kannst. Wenn du ständig damit beschäftigt bist, Geld zusammenzukratzen, um die Miete zu bezahlen, hast du weder die Energie noch die Kreativität, um ordentlich unternehmerisch agieren zu können. Außerdem fehlen dir die Gelassenheit und die Souveränität, um in Verhandlungsgesprächen ein gutes Honorar zu erzielen.

Immer wieder erlebe ich, dass Selbstständige Schwierigkeiten damit haben. Entweder, weil ihre Auftraggeber das Honorar für sie festlegen und sie die meist zu geringen Summen stillschweigend schlucken. Oder sie bestimmen die Preise selbst, wissen aber nicht, wo sie ansetzen sollen.

Den eigenen Marktwert kennen

Was da hilft? Informiere dich! Besorge dir schon vor dem Unternehmensstart einen Gründungsberater, der dir eine Orientierung geben kann. Du profitierst dabei von Fördermitteln, sodass die Kosten für dich im Rahmen bleiben. Das Beratungsprogramm Wirtschaft NRW (BPW) bezuschusste meine Gründungsberatung zum Beispiel mit 50 Prozent. Nach der Gründung kannst du darüber hinaus auch die BAFA Förderung unternehmerischen Know-hows in Anspruch nehmen. Schau auf foerderdatenbank.de, welche Optionen du hast. Lies Blogs, gehe auf Gründerseminare und in Berufsverbände wie den Verband der Gründer und Selbstständigen (VGSD) und sprich auf Netzwerkveranstaltungen mit deinen Kollegen. Übrigens: Unter Selbstständigen ist es gar nicht so unüblich, über Preise zu reden – auch wenn das noch viel häufiger der Fall sein könnte!

Meine Notizen

Es gibt viele Möglichkeiten, aber nimm es in die Hand. Als Unternehmer solltest du deinen Marktpreis kennen und diesen den Kunden in Kennenlerngesprächen eigeninitiativ nennen. Du findest deinen Marktwert unter anderem mit diesen Fragen heraus: Was kannst du besonders gut, worin unterscheidest du dich von Mitbewerbern? Welche Anbieter in deiner Branche verdienen weitaus mehr und warum? Catharina Bruns, deren Meinung zum modernen Unternehmertum ich sehr schätze, sagte einmal in einem Interview: „Zur Selbstständigkeit gehört es, ökonomisch mündig zu sein. Das hat nichts damit zu tun, sich dem Markt anbiedern zu müssen – sondern damit, ihn mitzugestalten, anstatt weiterhin nach Vorgabe und Bedingungen anderer zu arbeiten [...]."

Preise kalkulieren und durchsetzen

Um angemessene Preise ansetzen und mit der Zeit auch immer wieder anpassen zu können, sind mehrere Faktoren bei der Kalkulation ausschlaggebend, unter anderem:

- Die eigenen Marketingabsichten
- Fachwissen
- Berufserfahrung
- Spezialisierung
- Welchen Namen du dir schon gemacht hast und welche Referenzen du vorweist
- Der übliche Marktpreis, den Kunden und Mitbewerber festlegen
- Die Branche
- Der Geschäftsstandort
- Größe, Bekanntheit und Solvenz des Auftraggebers

<u>Meine Notizen</u>

Anhand dieser Kriterien kannst du einen Preis ermitteln, den du für dich vertreten kannst und der betriebswirtschaftlich Sinn macht. Manchmal werden auch die beruflichen und privaten Kosten als Maßstab für den eigenen Preis herangezogen. Dazu sage ich: Es ist wichtig, dass du deine Kosten kennst und diese in deiner Kalkulation mitberücksichtigst. Allerdings: Diesen Faktor in die Kommunikation mit dem Kunden einzubeziehen, halte ich für eine schlechte Idee. Denn was interessiert es den Kunden, welche Kosten du hast? Das würdest du als Angestellter in Gehaltsverhandlungen mit deinem Chef auch nicht als Argument anbringen ... Und ansonsten: Lote deine Grenzen aus, indem du verschiedene Preise bei deinen Kunden testest und immer mehr herausfindest, was die für dein Geschäft akzeptierte marktübliche Spanne ist.

Verkauf dich nicht unter Wert und arbeite nicht für zu wenig oder gar kein Geld. Auch nicht mit der Aussicht, dann Folgeaufträge zu erhalten. Karitativ niedrige Preise schärfen weder dein Profil noch machst du dich damit beliebter. Im Gegenteil: Du verlierst an Ansehen, wenn du dich zu günstig anbietest, getreu dem Motto: „Was nix kostet, ist nix wert". Wer einmal günstig in den Markt eintritt, hat es schwer, den Spielraum nach oben deutlich auszuweiten. Hohe Preise stehen für Qualität und für einen hohen Wert deiner Leistung. Und du möchtest doch, dass deine gute Arbeit wertgeschätzt wird. Adäquate Preise zu verlangen, hat viel mit dem eigenen Selbstwert zu tun. Mehr dazu im Kapitel *Selbstmanagement*. Bei allen, auch finanziellen, Verpflichtungen solltest du dir es selbst wert sein, in einer Honorarverhandlung notfalls „Dann nicht!" zu sagen, wenn deine Schmerzgrenze überschritten wird. Hab keine Angst davor, Kunden zu verlieren oder zu verprellen, wenn du nicht günstig genug bist. Das fällt insbesondere in der Startphase der Existenzgründung schwer, ich weiß.

Doch du solltest alles, wirklich alles daransetzen und es zu deiner höchsten Priorität machen, die Auftraggeber zu finden, die dir höhere Sätze zahlen. Du hältst überall Ausschau, sprichst aktiv Kunden an und trittst in Verhandlungen. Wenn du wirklich überzeugt von deinen Qualitäten bist und weißt, dass du einiges zu bieten hast, wirst du das in den Gesprächen ausstrahlen und überzeugend darlegen können.

Sehr oft erlebe ich es, dass Selbstständige sich einfach damit abfinden, dass sie schlecht bezahlt werden und stattdessen möglichst

Meine Notizen

viele Auftraggeber suchen, um über die Masse an Aufträgen an ein erträgliches Gesamthonorar zu gelangen.

Das ist genau der falsche Weg! Es bringt auch nichts, jahrelang zermürbende Honorarverhandlungen zu führen. Dann lehne lieber Aufträge ab. Es muss deine allergrößte Priorität sein, deinen Wert für deine Kunden zu steigern und Wissen zu erwerben, mit dem du ihnen noch mehr nutzen kannst. Und Kunden zu finden, die den Wert deiner Arbeit schätzen. Diese Überlegungen müssen ständig in deinem Kopf herumschwirren und alsbald Ergebnisse hervorbringen. Dann kannst du dein Einkommen Stück für Stück steigern und deutlich größere Sprünge nach vorne machen, als wenn du auf niedrigem Niveau im Gänsemarsch vorankommst. Denn so bleibst du immer im Hamsterrad und in der Opferhaltung gefangen: „Der Markt zahlt halt so wenig".

Den Wert für deinen Kunden steigern

Es gibt überall Kunden, die ein x-Faches im Vergleich zu anderen Kunden bezahlen – für die gleiche Leistung. Du kannst daran ansetzen, dir anzuschauen: Wie sieht dein Angebot aus, wie professionell und ansprechend
gestaltest du deinen Außenauftritt (online und persönlich), wo und wie akquirierst du? Das sind deine Hausaufgaben. Arbeite an dir und schau, wo deinen Kunden sprichwörtlich der Kittel brennt. Denn je mehr er brennt und je dringender sie ihn gelöscht haben müssen, desto wichtiger bist du für sie. Du weißt selbst: Wenn du starke Schmerzen hast, ist dir fast jedes Mittel der Linderung recht – und du bist bereit, viel höhere Preise als üblich für Medikamente zu zahlen. Die Notfallapotheke abends um elf lässt grüßen. Ermittle für dich einen realistischen Preis, den du dir wünschst und den du mit gutem Gefühl vertreten kannst sowie eine Schmerzgrenze, unter die du auf keinen Fall gehst. In diesem Bereich bewegst du dich fortan. Fange mit deinem gewünschten und für dich angemessenen Monatssalär an und breche es Stück für Stück auf eine einzelne Stunde herunter.

Ich berechne Stundensätze nur bei größeren Content-Management-Projekten, für die ich mehrere Wochen oder Monate vor Ort beim Kunden gebucht werde. Dann macht es Sinn, weil sehr viel über einen längeren Zeitraum zu tun ist und tatsächlich entscheidend ist, wie lange ich an den Aufgaben sitze.

Meine Notizen

Ansonsten, wenn ich Texte schreibe oder lektoriere, kommt es auf das Ergebnis an und nicht darauf, wie schnell ich es erziele. Deshalb gibt es die Unterscheidung zwischen Dienst- und Werkverträgen.

Bei der Kalkulation von Preisen für neu erstellte Texte spielen viele verschiedene Aspekte eine Rolle, zum Beispiel: Wie lang sollen die Artikel und Beiträge sein, sollen bestimmte Schlüsselbegriffe analysiert und eingebaut werden, erhalte ich Informationen vom Kunden oder liegt die komplette Recherche bei mir? Daher nehme ich einen Preis für eine bestimmte Anzahl von Zeichen als Grundlage und schlage je nach Anforderung einen gewissen Prozentsatz oben drauf. Das ist nicht mit dem Lineal millimetergenau ausgerechnet, sondern entscheide ich es oft nach Bauchgefühl und aus meinen Erfahrungen heraus.

Definiere deine Zielgruppe ganz klar und biete ihr Leistungen an, die nicht so leicht vergleichbar sind mit denen deiner Wettbewerber. Dann ist der Preis nicht das maßgebliche Kriterium bei der Auswahl des bevorzugten Dienstleisters. Es geht immer um den größtmöglichen Nutzen. Und im Idealfall stellst du nicht deine Dienstleistung als solche in den Vordergrund, sondern die individuelle Befriedigung des Wunsches deines Kunden. Damit entkoppelst du deine Leistung vom Stundenaufwand und kannst höhere Preise verlangen. Als Hochzeitsfotograf zum Beispiel könnte das ein geschnürtes Paket sein, bestehend aus Fotofachabzügen auf Fotopapier inklusive digitaler Bildaufbereitung plus Foto-CD für Preis XY, anstatt die tatsächlich benötigte Zeit zusammen mit einem Stundenhonorar aufzuschlüsseln.

Ich habe durch die Selbstständigkeit den Wert von Arbeit noch mehr zu schätzen gelernt. Wenn ein Dienstleister einen guten Job macht, sage ich ihm das und honoriere es großzügiger als früher. Weil ich weiß, was dahintersteckt. Wie viel Mühe es macht. Und welche Überlegungen und Services für den Kunden nicht unbedingt sichtbar sind. Lasst uns den Wert der Leistung in den Vordergrund stellen und uns über die Qualität von Arbeit definieren! Möchte dein Kunde weniger Geld in die Hand nehmen, bekommt er weniger Leistung. Und nicht niedrigere Qualität. Ganz einfach. Sei kreativ und sorge für ein lohnenswertes Geschäft auf beiden Seiten.

Meine Notizen

Liquidität im Auge behalten

Wichtig ist auch, dass du deine Auftragslage, deinen Umsatz und deine Kosten im Blick hast und deinen jährlichen Gewinn kennst. Ich habe tatsächlich Kollegen, die nicht sagen können, wie hoch ihr Umsatz im Jahr ist. Oft haben sie ihrem Steuerberater alle Unterlagen und in diesem Zuge gleich auch den finanziellen Überblick mit übergeben. Am besten führst du einen Liquiditätsplan, sodass du jederzeit monatlich Auskunft darüber geben könntest, wo du stehst. Dieser Plan ist ein guter Wegweiser, weil du so zum Beispiel auch deine Stundensätze besser kalkulieren kannst. Bringe alle deine Kosten auf den Prüfstand und spare ein, was du kannst, solange es Sinn ergibt. Aber verschwende nicht zu viel Zeit damit, kleine Beträge zu kürzen. Konzentriere dich auf die großen Summen. Alles andere ist Sisyphusarbeit und kostet dich Zeit, die dir an anderer Stelle fehlt.

Wie oben erwähnt, spielen neben dem Geschäftsstandort und der Geschäftsidee der Markt und das passende Umfeld eine entscheidende Rolle. Mache ausfindig, welche Probleme und Herausforderungen deine Zielgruppe hat. Wer wachsam ist, wird den Bedarf mit der Zeit immer genauer herausarbeiten. Und diese Zielgruppe muss auch bereit dazu sein, ausreichend viel Geld zu investieren. Frage dich selbst: Wie kannst du diese Probleme lösen? Was sind deine Stärken und Leidenschaften? Was fällt dir leicht, was machst du gerne, wofür erhältst du von deinen Mitmenschen positives Feedback? Was könnte deine Berufung sein und mit welchen Tätigkeiten fühlst du dich richtig glücklich? Vielleicht helfen dir bei der kritischen Selbstreflexion auch Zeugnisse und andere Auszeichnungen, die du im Laufe deines Lebens erhalten hast. Eine Geschäftsidee zu finden, bedeutet für Prof. Dr. Günter Faltin „harte Gedankenarbeit" und „das Resultat von systematischen Überlegungen", keineswegs seien es „geniale Gedankenblitze" oder eine „plötzliche Eingebung", wie üblicherweise angenommen. In „Kopf schlägt Kapital" schreibt der Autor: „Kreative Einstellungen und Arbeitsweisen werden durch [...] ein impulsreiches Umfeld [...] stimuliert und gefördert. Und man braucht einen gewissen Spielraum und eine Auszeit, in der man keiner streng zielgerichteten Tätigkeit nachgeht."

<u>Meine Notizen</u>

Darüber hinaus solltest du recherchieren, über welchen Kanal du deine Wunschkunden am besten ansprichst – zum Beispiel über soziale Netzwerke wie Facebook, Twitter, Instagram und Xing, auf Events oder über klassische Medien. Das hängt in erster Linie von deiner Zielgruppe ab, nicht davon, wo du dich am liebsten herumtreibst.

Arbeite deine unique selling proposition (USP) heraus, sprich: Was ist dein Alleinstellungsmerkmal? Warum bist du mit deinen Leistungen für bestimmte Kunden die beste Wahl? Wie unterscheidest du dich von der Konkurrenz? Was bietest du, was andere Wettbewerber nicht bieten?

Frage dich und das finde ich umso interessanter, je länger man darüber nachdenkt: Würdest du dich selbst für deine eigene Dienstleistung entscheiden, wenn du Kunde wärst? Wenn nein, warum nicht? Positioniere dich klar für ein Thema. Ein schönes Beispiel hierfür ist mein Kollege Robert Bickmann von *webaffin*, der sich als Programmierer darauf spezialisiert hat, Websites auf ökologische Nachhaltigkeit hin zu optimieren, indem er Datenmengen reduziert, die Auffindbarkeit im Internet erhöht und so CO_2-Emissionen einspart. Neben diesem ökologischen Nutzen bietet er seinen Kunden einen unverzichtbaren Mehrwert, indem er sie mit diesen technischen Maßnahmen zur Suchmaschinen-Optimierung im Ranking von Google nach vorne bringt.

Auf Augenhöhe mit dem Auftraggeber

Sieh dich auf Augenhöhe mit deinen Auftraggebern und als Partner. Das fängt schon bei der Akquise an: Du bist für dich selbst verantwortlich! Warte nicht darauf, dass andere auf dich zukommen und dir Jobs und Handlungsanweisungen geben. Trau dich, den Schritt auf den anderen zuzugehen und gib Gas. Viele scheuen sich und fangen gar nicht erst damit an oder vergessen, dranzubleiben. Fatal! Einfach machen. Viele Formen der Kundengewinnung habe ich bereits im ersten Teil des Buches aufgezählt.

Auch fürs Urlaub nehmen gilt: Du bist dein eigener Herr, also entscheidest du alleine, wann du eine Auszeit nimmst. Nicht dein Auftraggeber, indem du ihm gegenüber als Bittsteller auftrittst. Du hast keinen Chef (mehr). Du selbst bist der Chef!

Meine Notizen

Fordere immer schriftliche Abmachungen ein und schließe sie ab. Nur dann kannst du später Schwarz auf Weiß auf dein Recht pochen und ersparst dir viel Ärger, wenn Meinungsverschiedenheiten bestehen, weil kommunikative Missverständnisse aufgetreten sind. Investiere viel Zeit in die Suche nach den richtigen Kunden. Kunden, die den Wert deiner Arbeit sehen und bereit sind, ihn auch zu zahlen (und das dann auch machen!). Das ist immer wieder zu betonen und viel zielführender, als sich mit denen herumzuärgern, die dir Kummer bereiten und Energie rauben. Am Ende rechnet sich Letzteres so oder so nicht! Denn du willst lange am Markt bleiben, und das funktioniert nur, wenn du Spaß an dem hast, was du tust. Und den hast du nur mit Kunden, die angenehm sind und Grenzen akzeptieren. Meine Erfahrung zeigt: Das Bauchgefühl, das dich schon zu Beginn eines Kontaktes aufhorchen lässt, ist meist richtig. Verspürst du ein Drücken im Magen, gehe die Geschäftsbeziehung gar nicht erst ein. Und wenn sich ein Angebot noch so attraktiv anhört. Du wirst damit wahrscheinlich auf die Nase fallen. Gute Kunden hingegen geben dir viel Kraft und Ausdauer für weitere Projekte. Eine meiner wichtigsten Lehren der letzten Jahre: Suche dir dein Umfeld gezielt aus und bringe Ordnung in deinen Kundenstamm.

Bestandsaufnahme deines Kundenstamms

Priorisiere deine Auftraggeber – zum Beispiel nach A-Kunden, B-Kunden und C-Kunden. Einer Kollegin habe ich unter anderem mit diesem Tipp innerhalb von wenigen Monaten den doppelten Umsatz beschert. Dabei geht es nicht ausschließlich darum, an welchem Kunden du am meisten verdienst. Vielmehr solltest du dir Gedanken darüber machen, welche Faktoren dir bei der Arbeit allgemein wichtig sind. Zum Beispiel: Macht dir der Auftrag Spaß, geht er dir leicht von der Hand? Wie freudvoll, wertschätzend, angenehm und reibungslos ist die Zusammenarbeit mit dem Kunden? Arbeitest du in dem Projekt mit Kollegen zusammen, die dir ans Herz gewachsen sind? Wie schnell zahlt der Kunde dein Honorar? Lernst du viel, bist ausreichend gefordert und kannst deine Skills durch das Projekt verbessern? Bringt dir der Auftraggeber weitere Kunden – oder gute Referenzen (aber wirklich nur außergewöhnlich gute, denn viele Auftraggeber wollen mit dieser Masche eine angemessene Bezahlung umgehen).

Meine Notizen

Frei nach dem Motto: „Wir zahlen nicht viel, aber wir sind eine gute Referenz")? Und schließlich: Bietest du deinem Kunden einen so großen Nutzen, dass du ihn rundum glücklich machst? Denn das macht auch dich glücklich.

Binde deine Wunsch-Bestandskunden an dich, indem du immer im Gespräch bleibst und auf dich aufmerksam machst sowie weitere attraktive Zusatz-Angebote bereithältst. Kunden, die nicht zu dir passen, solltest du dagegen auf eine charmante Art abgeben. Wenn du ihnen wohlgesonnen bist, aber jemand anderes besser weiterhelfen kann, verweise beispielsweise auf einen Netzwerkpartner.

Sorge dafür, dass du auch als Einzelunternehmer ernst genommen wirst. Mitunter meinen Kunden nämlich, dass sie ihre flexiblen Freien beauftragen und dann, beim kleinsten Nichtgefallen, für einen günstigeren Mitbewerber schnell wieder austauschen können. Wenn du nach einer gewissen Anlaufzeit gut gebucht wirst, hältst du dir fortlaufend mehrere Anfragen parallel offen und versuchst am Ende allen potenziellen Auftraggebern irgendwie gerecht zu werden. Dies ist wertvoll, denn oft können Unternehmen nur kurzfristig entscheiden, ob sie externe Hilfe in Anspruch nehmen oder nicht. Dann sind sie froh, wenn sich ihre Dienstleister spontan die Zeit für sie blocken und sie unterstützen. Andersherum muss es aber genauso fair zugehen. Setze darum Grenzen und steuere deinen Kunden, wenn er glaubt, über dich bestimmen zu können. Du musst dir nicht alles gefallen lassen, auch nicht als Dienstleister. Sei nicht zu obrigkeitshörig. Du bist ein eigenständig denkender und mündiger Mensch. Mach den Mund auf und trete für dich ein. Wenn du dich in einer Sache im Recht siehst, sprich dies SACHLICH an. Entgegen der Befürchtung, damit befördere man sich definitiv ins Aus, zeigst du so Kante und verbesserst dein Standing.

Dazu gehört es auch, Nein zu sagen, wenn Anrufe zu Unzeiten, also weit vor dem üblichen Arbeitsbeginn beziehungsweise weit nach dem Arbeitsende oder an Wochenenden, eingehen. Kommuniziere feste Öffnungszeiten deines Unternehmens und halte dich dran. Ausnahmen lassen sich immer vereinbaren, dann erfolgt das Arbeiten aber zu anderen Tagessätzen und mit Dringlichkeitszuschlägen bei extrem kurzfristigen Anfragen. So verhinderst du, dass du bis in die Puppen arbeitest und nur noch im Hamsterrad läufst, um zu überleben.

Meine Notizen

Weiterentwicklung statt nur Zeit gegen Geld

Wenn du IM Unternehmen, also für den Kunden, arbeitest, bist du Selbstständiger und tauschst deine Zeit gegen Geld. Langfristig solltest du aber wie ein Unternehmer denken und permanent auch AM Unternehmen, nämlich deinem eigenen, arbeiten. Das bedeutet, Strategien zu entwickeln, mit denen du Einkünfte generieren kannst, ohne dass du in diesen Momenten selbst arbeitest. Denn deine verfügbare Zeit ist begrenzt. Entwirf zum Beispiel Produkte – ein Buch, ein E-Book, Online-Kurse – und beschere dir damit ein sogenanntes passives Einkommen. Wenn du einen Blog betreibst, erhältst du nach einer Anmeldung von der VG. Wort abhängig von den Aufrufzahlen deiner Artikel zusätzliche Vergütungen. Provisionen für die Vermittlung von Kontakten sind eine weitere Alternative für Bonuseinnahmen, wobei hier die Gefahr besteht, ab einer bestimmten Summe ein Gewerbe anmelden zu müssen. Peer Wandiger von *selbstaendig-im-netz.de* hat laut eigenen Angaben „ohne viel Pflegeaufwand oder Stress mehrere hundert Euro im Monat" durch den Aufbau von Nischenwebsites eingenommen. Nischenwebsites sind Internetauftritte zu Themen, die ein Schattendasein fristen und somit verhältnismäßig leicht auf Seite eins bei Google zu bringen – und damit besser monetarisierbar sind.

Generell, und das ist doch das Spannende am Unternehmertum, kannst du deiner Kreativität freien Lauf lassen, Ideen verwirklichen und dein Portfolio immer erweitern: Erschließe neue Zielgruppen und Märkte, überarbeite regelmäßig deine Angebotspalette und richte sie auf veränderte oder erweiterte Kundenbedürfnisse aus.

Streiche Angebote und nimm neue auf. Hier gilt: Stillstand ist der Tod. Der Blick ist immer auch in die Zukunft deines Unternehmens gerichtet. Hast du schon viel Erfahrung und Expertise in der Umsetzung von Projekten, könntest du zum Beispiel in Erwägung ziehen, dieses Können an andere weiterzugeben und als Berater und Coach tätig zu werden. Frag dich regelmäßig: In welche Richtung möchtest du dich entwickeln? Wie soll deine Ausrichtung in fünf bis zehn Jahren aussehen? Lass dich nicht von der Routine des Alltags lähmen.

Meine Notizen

Und bedenke, dass diese Neuausrichtung nicht nur wirtschaftliche Vorteile mit sich bringt, sondern auch zu deinen persönlichen Werten und Vorstellungen passen soll. Denn, wenn du das, was du tust, nicht gerne machst, wirst du auf Dauer nicht damit glücklich werden.

Um es noch deutlicher zu sagen: Ich finde gerade das so reizvoll und aufregend – Produkte zu schaffen, bei denen im Vorfeld nicht absehbar ist, welche Resonanz sie erfahren und sich davon überraschen zu lassen, welche neuen Kontakte und Möglichkeiten sich durch den Markteintritt des eigenen „Babys" ergeben. Nicht immer steht der monetäre Gegenwert für den kreativen Schaffungsprozess an oberster Stelle. Ich finde, da sollten wir uns alle manchmal den Druck nehmen und die Freude an gestalterischen Prozessen und deren immateriellen Folgeerscheinungen in den Vordergrund stellen. Und über Umwege kann am Ende doch noch auch ein materieller Gegenwert entstehen.

Arbeit outsourcen und Loslassen lernen

Wenn du zu viel Arbeit auf dem Tisch hast, lagere zum Beispiel deine Reiseplanung an (virtuelle) Assistenten aus und lass den Steuerberater die Steuer und Buchhaltung für dich machen. Konzentriere dich auf die Arbeiten, die nur du exzellent beherrschst und die zu deinen wertvollsten Tätigkeiten zählen. Unternehmensstrategien oder neue Produkte zu entwerfen, können solche Premium-Tätigkeiten sein. Während hingegen die Erledigung der Ablage nicht so wertvoll für dein Unternehmen ist und du sie kostengünstig an einen externen Anbieter abgeben kannst.

Lohnenswert ist auch die Reflexion darüber, welche deiner Leistungen in Zukunft drohen, nicht mehr gebraucht zu werden und wie du darauf reagieren kannst. Und du solltest dir einen Plan zurechtlegen für den Fall, dass du Durststrecken zu überwinden hast. Begegne Auftragsflauten mit Aktivität: Nimm persönlich Kontakt zu bestehenden Geschäftsbeziehungen auf, zapfe deine Kontakte an, besuche Veranstaltungen und netzwerke. Und: Arbeite an der Suchmaschinenoptimierung deiner Website, nimm deine Konkurrenz noch einmal genauer unter die Lupe – oder mache einfach Pause und nutze die Zeit zur Rückschau und Entspannung. In jedem Fall gilt: Du übernimmst die Verantwortung und triffst Entscheidungen.

Meine Notizen

Oft geht damit eine dringend notwendige Änderung der eigenen Haltung einher: „Suchst" du Jobs oder hast du etwas zu bieten? Frage dich nicht, wie etwas zu dir kommt, sondern kümmere dich aktiv darum, es dir zu holen! Ein kleiner Unterschied in der Formulierung, ein ganz gewaltiger Unterschied in der Umsetzung. Übernimm Verantwortung – in erster Linie für dich selbst! Damit aus der Selbstständigkeit und dir eine glückliche Liaison wird ...

Meine Notizen

2.2 Selbstmanagement und Selbstmarketing

Im Kapitel *Unternehmerdenke* haben wir uns mit existenziellen Sorgen beschäftigt und der Frage, wie sich finanzielle Sicherheit in der Freiberuflichkeit herstellen lässt. Nun thematisiere ich einen weiteren großen Hemmschuh für unsere Schaffenskraft. In der Regel sind es falsche Glaubenssätze und andere Saboteure, mit denen wir uns mental selbst zur Verzweiflung bringen und überfordern. Diese beiden Aspekte in den Griff zu bekommen, ist in meinen Augen der Schlüssel, um frei agieren zu können und gleichzeitig das Fundament für berufliches Glück.

„Mir fehlt noch die Erfahrung, eine Ausbildung, ein Abschluss ...", „Vielleicht bin ich nicht gut genug" oder „Dieser Kunde wäre eine Nummer zu groß für mich, die haben bestimmt ihre Leute" sind solche typischen Glaubenssätze, die den eigenen Marktwert automatisch schmälern. Nein! Starte jetzt und begib dich ins kalte Wasser. Schau, wie du es möglich machen kannst, dein Wissen an den Mann oder an die Frau zu bringen und überlege nicht, was dich davon abhält. Außer du gerätst beim Gedanken daran in die Panikzone. Dann ist es okay, wenn du dich erst langsam vortastest.

Zum eigenen Selbstwert möchte ich eine kleine Anekdote erzählen: Vor nicht allzu langer Zeit habe ich einem Seminar teilgenommen. Eine der Anwesenden hat aus der einwöchigen Fortbildung die Erkenntnis gezogen, dass sie genauso viel wert sei wie andere Menschen. Mich hat diese Aussage damals richtig schockiert! „Das darf doch nicht wahr sein, dass jemand wirklich so denkt und dieser Gedanke, also ebenso viel wert zu sein, nicht selbstverständlich ist", habe ich mir gesagt.

Umso mehr möchte ich bei dir dafür werben, dich selbst bei allen Verpflichtungen und Zwängen niemals zu vergessen! Gehe wohlwollend mit dir um und sei nachsichtig. Verteufle dich nicht, wenn

Meine Notizen

du etwas einmal nicht gut hinbekommst und erst recht nicht, wenn andere dich unberechtigterweise kritisieren. Schau, wo deine Verantwortung liegt und wenn sie nicht bei dir liegt, weise sie von dir. Bestimme dein eigenes Tempo und gib einfach dein Bestes.

Und dann sei dir selbst gut genug. Denn oft sind es Erwartungen, die wir erfüllen wollen und weswegen wir weiter schuften – oder der zu hohe Druck, den wir uns selbst machen. Du solltest jedoch mit deinem eigenen Ergebnis zufrieden sein und einen Punkt setzen können. Lerne loszulassen. Und mache dich unabhängig vom Urteil anderer. Das ist ganz wichtig.

Ich bin auch nicht immer 100-prozentig zufrieden mit meinen eigenen Texten oder meinen produzierten Webseiten. Wenn das der Fall ist, überlege ich, was ich an ihnen noch verbessern kann. Manchmal denke ich mir: Es kann doch nicht sein, dass ich mich so schwertue. Ich bin doch Redakteur! Deshalb mache ich mich aber nicht gleich klein und fühle mich, als beherrschte ich meinen Job nicht. Im Gegenteil: Es gehört dazu. Ich arbeite einfach hart daran, die Scharte auszuwetzen. Und ich weiß: Ich kann es. Der Text auf meiner Website zu meinem Fokusthema als Journalist zum Beispiel ist mir sehr gut gelungen. Darauf bin ich richtig stolz. Sei du auch stolz auf dich!

Nimm dir Auszeiten und höre auf deinen Körper

Und mache dir deine eigenen Grenzen bewusst! Höre in dich hinein, wenn die Arbeit zu viel ist oder du sie nicht erledigen kannst, weil sie dich überfordert. Nimm die Signale deines Körpers wahr und nimm sie ernst. Handle frühzeitig. Und packe deinen Kalender nicht zu voll. Du benötigst Auszeiten. Ich weiß aus eigener Erfahrung, dass das nicht immer leichtfällt. Aber immer, wenn ich meiner Selbstverantwortung gerecht werde, hat das positive Auswirkungen. Das heißt, ich achte auf alles, was zur physischen und psychischen Gesundheit beiträgt: ausreichend Schlaf, gesunde Ernährung, Pausen, ein kleines Nickerchen zwischendurch, Urlaub, Freizeit, ein Spaziergang oder Fahrradausflug ins Grüne und Zeit mit der Familie und Freunden sowie Erholung – auch von positivem Stress. Nimm sie dir!

Dieser Ausgleich ist in meinen Augen genauso wichtig wie Umsätze einzufahren. Wir sind gesellschaftlich so programmiert, dass uns Pausen als Faulheit ausgelegt werden. Es ist Zeit, eine andere Haltung

Meine Notizen

einzunehmen. Ohne Gesundheit und Wohlbefinden scheitert auf lange Sicht gesehen der beste Unternehmer!

Manchmal ist es dazu auch nötig, Projekte zu schieben. Vieles kannst du durch gute Planung organisieren, auch wenn sich insbesondere vor einem Urlaub zumindest bei mir immer viel Arbeit ansammelt.

Mache dir nicht zu viel Druck und schon gar nicht Vorwürfe! Bitte Kollegen und andere Menschen in deinem Umfeld aktiv um Hilfe, wenn du nicht alleine weiterkommst. Viele Selbstständige denken, sie müssten alles alleine stemmen. Dem ist nicht so. Gib Arbeit ab. Das ist ein Zeichen von Stärke. Wirklich.

Ein Tanz auf vielen Hochzeiten

Arbeite nicht mit der Brechstange: Wenn du nicht kreativ sein kannst, dann lass die Arbeit liegen und mache zu einem anderen Zeitpunkt weiter. Das ist definitiv effizienter und sinnvoller. Vielleicht verlierst du zunächst Zeit. Doch, wenn du in einer besseren Verfassung bist, holst du diese schnell wieder auf und produzierst ein besseres Ergebnis. Denke in dieser Hinsicht langfristig und investiere klug! Work smarter, not harder.

Leben bedeutet Veränderung. Auch die Selbstständigkeit erfordert immer wieder eine flexible Anpassung an die Gegebenheiten. Wahrscheinlich hast du am Anfang wie ich zu wenige Aufträge und später, wenn du dich als Unternehmer etabliert hast, sind es womöglich zu viele und du musst stark filtern, um den Anfragen noch Herr zu werden. Selbstständigkeit ist ein Tanz auf vielen Hochzeiten. Wie ein Jongleur hältst du viele Bälle gleichzeitig in der Luft, um den Anschluss nicht zu verlieren. Mal bricht ein großer Kunde weg, mal hast du Auftragsflauten zu überstehen und manchmal weißt du gar nicht, wie du alle Anfragen unterbringen sollst. Es ist eine große Portion Selbstorganisation und Selbsteinschätzung notwendig, wenn du ein Unternehmen gründest. Folgende Fragen sind dienlich dabei, diese Herausforderungen zu meistern: Wie viel kannst du dir zumuten, wie viel schaffst du, wie viel willst du überhaupt leisten?

Wann verstärkst du deine Akquisebemühungen, ohne dass du bei

Meine Notizen

erfolgreicher Kundenwerbung wieder überlastet bist? Und wie gehst du mental mit dieser Berg- und Talfahrt um, auch in finanzieller Hinsicht?

Es ist tatsächlich nicht so, dass alles wie am Schnürchen läuft: Im Unternehmeralltag kommt es häufig vor, dass die Beauftragung einige Tage auf sich warten lässt, das Briefing sich hinauszögert und die Rechnung verspätet beglichen wird. Dann sind ein langer und tiefer Atem sowie Geduld gefragt.

Umso wichtiger, dass du deine Freiberuflichkeit mit viel Spaß, Leidenschaft und Begeisterung ausführst. Genieße deinen Job und die schönen Momente der Freiheit, denn das hast du dir mit großem Aufwand verdient. Schaffe dir ein entsprechendes Umfeld, das dich motiviert und das dir die Vorzüge der Selbstständigkeit vor Augen führt, wenn es einmal nicht so rund läuft. Überhaupt ist eine meiner wichtigsten Lehren der letzten Jahre, dass du selbst aktiv dein Umfeld schaffen und dich von den Leuten trennen solltest, die dir dauerhaft das Leben schwermachen. Ich suche und picke mir in meinem Leben die Rosinen heraus: die passenden Firmen, die ihrer unternehmerischen Gesellschaftsverantwortung – auch Corporate Social Responsibility (CSR) genannt – gerecht werden und mit Mitarbeitern und der Umwelt pfleglich umgehen. Solche, die gegen gewisse Grundsätze verstoßen, lehne ich früher oder später ab. Das Gleiche gilt für Freunde und Partner: Investiere lieber sehr viel Zeit in Menschen, die es wert sind und gemeinsame Ziele verfolgen, als dich unnötig und mit großem Energieverlust aufzureiben, um mit Unpassendem klarzukommen. Ich habe viele ganz großartige Kunden, mit denen ich auch persönliche Dinge bespreche. Und ganz tolle freie Kollegen, mit denen ich zum Teil freundschaftlich verbunden bin. All diese Menschen bekommen von mir jegliches Wissen und jegliche Unterstützung, die ich zu bieten habe. Es liegt alles in deiner Hand!

Was ist dein Motiv, dein Motor?

In erster Linie bist du intrinsisch motiviert, weil du deinen Traum lebst. Weil du so von der Vision und dem Sinn deiner Arbeit angetrieben bist, dass du dich selbst stets aufs Neue pushst. Bei mir ist dieser Motor zum Beispiel die Freiheit, meinen Tag weitestgehend selbstbestimmt

Meine Notizen

einteilen zu können. Oder ausschließlich an Projekten mitzuwirken, bei denen ich dahinterstehen kann. Oder die Möglichkeit, meine Kreativität, meinen Ideenreichtum und meine Vielseitigkeit maximal ausleben zu können.

Und schließlich treibt mich die Vorstellung an, immer mehr zur besten Version meiner selbst zu werden und aus eigener Kraft etwas Großes aufzubauen. Das Geld kommt dann von ganz alleine. Natürlich bringt es mein Unternehmerherz zum Hüpfen, wenn ich gut verdiene. Nur ist Geld allein niemals das ausschlaggebende Motiv.

Persönlichkeitsentwicklung ist ein großes Faustpfand, um dich auf die nächste Stufe zu bringen. Daher: Arbeite an deinen Stärken und Schwächen! Das kann das eigene Zeitmanagement sein, weil du jedes Mal zu spät zu Terminen erscheinst. Oder der gelassene und souveräne Umgang mit Konflikten. Oder der Wunsch, erfolgreicher verkaufen zu können. Denn vielleicht bringst du die betriebswirtschaftlichen und persönlichen Voraussetzungen mit, um einen angemessenen Preis für deine Arbeit zu erhalten, kannst es aber nicht adäquat kommunizieren. Natürlich musst du dabei aus deiner Komfortzone heraustreten. Doch nur dann hast du die Chance, zu wachsen. Ich selbst habe meine Schwächen nur dann bekämpft, wenn sie mich im Arbeitsalltag immer wieder behindert haben. In alle anderen Defizite – und jeder von uns hat sie – habe ich keine Energie gesteckt. Mit jeder Schwäche, die du beseitigst, steigt dein Selbstbewusstsein. Du traust dir immer mehr zu. Schließe deine offenen Baustellen, indem du an entsprechenden Seminaren und Coachings teilnimmst.

Für Probleme im Allgemeinen habe ich auch noch einen Tipp für dich: Nimm die Vogelperspektive ein und betrachte aus einer distanzierteren Haltung, was gerade passiert und welches Ausmaß das Problem im Gesamtkontext wirklich hat. Schaue auch, welchen Weg du bereits gegangen bist und mache dir deine vielen Erfolge immer wieder bewusst. Meist werden die Probleme dann schon kleiner oder du findest plötzlich eine Lösung, mit ihnen umzugehen. Nimm Lob und Komplimente dankend und ohne Abwiegeln an. Und zuletzt: Stehe zu deinen Stärken, baue sie weiter aus und führe sie dir regelmäßig vor

Meine Notizen

Augen. Das gibt dir Selbstsicherheit. Und es hilft dir dabei, dir deinen eigenen Wert bewusst zu machen.

Natürlich ist auch eine gewisse Selbstdisziplin erforderlich, um als Selbstständiger bestehen zu können. Wer von zuhause arbeitet, könnte der Versuchung erliegen, im Schlafanzug den Tag zu bestreiten und nicht richtig „in die Pötte" zu kommen. Wenn du Zeit und Ort selbst festlegst, schaffe Rahmenbedingungen, um konzentriert und ohne ständige Unterbrechung an deinen Projekten zu feilen. Dazu gehört, dem Postboten mitzuteilen, dass ab sofort jemand anderes die Päckchen für die Nachbarn annehmen muss, weil du keine Packstation bist. Dazu gehört auch, dass du deinen Freunden mitteilst, wann du wirklich Zeit für sie hast. Und vermeide Ablenkungen, damit dein Fokus stabil bleibt: Ständiges Scrollen in der Facebook-Timeline und regelmäßiges Wäschewaschen, während du über einem Konzept brütest, sind nicht gerade förderlich für ein gutes Arbeitsergebnis. Mich persönlich reißt zum Beispiel das Klingeln meines Telefons aus der „Deep Work". Daher habe ich den Ton schon lange dauerhaft auf lautlos gestellt, um Ruhe zu haben. Das Firmenhandy ruft auch keine beruflichen E-Mails ab.

Grundsätzlich setze ich in der Kommunikation auf schriftliche Korrespondenz: Eine schnelle E-Mail kostet mich weniger Zeit als ein Telefonat. Vor allem antworte ich dann, wenn ich gerade einen Leerlauf habe. Bei einem Anruf passt es oftmals gerade nicht und dann versucht man es später wieder und wieder ... Lass dir auch nicht einreden, dass du früh kreative Tätigkeiten erledigen und ab dem Nachmittag einfache Aufgaben abarbeiten solltest. Denn das ist eine ganz individuelle Frage, die NUR DU für dich beantworten kannst! Entscheide selbst, was für dich gut ist und lass dich nicht in ein vorgefertigtes Schema pressen. Denn: Je mehr du auf die Stimmen anderer hörst, desto mehr verstummt deine eigene Stimme, die dir deinen persönlichen und individuellen Weg weisen will.

Meine Notizen

Zeitmanagement und Selbstmarketing

Zeitmanagement ist ein wichtiges Thema, weil es vielen schwerfällt und extrem bedeutsam für den Erfolg eines Freiberuflers ist. Für mich hat der Blick auf die Uhr eine hohe Priorität. Denn mit einer guten Planung sind wir produktiver, professioneller und entspannter.

Wie sieht das konkret in der Realität aus? Beim Schreiben dieses Buches hat mich eine Kollegin gefragt, wie ich mir die Textproduktion einteile und ob ich mich wirklich an meinen gesetzten Zeitrahmen halte. Die Antwort lautet „Ja". Ich habe für das komplette Buch mit Absicht großzügig kalkuliert und ein gutes Jahr vorgesehen, weil ich weiß, dass ich währenddessen Auftragsarbeiten ausführe, um meine Miete zu sichern. Und der andere Punkt: Ich brauche einen Puffer, um immer dann weiterarbeiten zu können, wenn die „Zeitqualität" passt – oder wie mein Journalistenkollege Jens Brehl in seinem Buch „Mein Weg aus dem Burnout" erklärt – „wenn die Sterne günstig stehen, mit dem Herzen und wenig Aufwand ein super Ergebnis zu erzielen."

So vermeide ich es, ab einem gewissen Moment in Zeitnot zu geraten und mir selbst ein schlechtes Gewissen zu bereiten, weil das Buch während anderer Projekte wie ein Damoklesschwert über mir schwebt.

Also, nimm deinen Plan ernst, setze Prioritäten, fang rechtzeitig mit der Umsetzung an und ziehe sie durch. Auch ich habe mich zwischendurch ablenken lassen, doch durch den Puffer hatte ich genügend Zeit übrig. Wenn ich wusste, dass ich wirklich Kapitel abliefern musste, weil es auf einem Teilabschnitt knapp werden könnte, habe ich Gas gegeben. Insofern noch einmal der Tipp: Packe dein Ziel in mehrere kleine Schritte und sieh zu, dass du die Zwischenziele erreichst. Ähnlich wie bei einem Marathon, wo du nach der Hälfte ein gutes Zwischenfazit ziehen kannst.

Nachdem du nun deine inneren Peilsender ausgerichtet hast, geht es darum, auch ins Außen zu gehen und Selbstmarketing zu betreiben. Die Leute sollen von deinem Angebot erfahren! Denn, wenn du nicht sichtbar bist, wirst du es schwer haben, Erträge zu erwirtschaften.

Meine Notizen

Damit sind wir schon beim Stichwort: Vertriebsstärke. Dass du dich nicht unter Wert verkaufen sollst, weil du dich sonst selbst ausbeutest, hatten wir schon. Und nein, Kleinvieh macht nicht Mist. Kleinvieh ist Mist. Denk einmal darüber nach, wie viel Zeit du zur Verfügung hättest, würdest du viele Aufträge zu geringen Honoraren gar nicht erst annehmen!

Um Partner, Kunden und Medien zu überzeugen, musst du verkaufen können – und vor allem Spaß daran haben. Der eine hat damit klein angefangen und seine Waren bereits auf dem Flohmarkt feilgeboten. Andere tun sich schon immer schwer damit. Diese Hemmungen haben meist wieder mit negativen Glaubenssätzen zu tun. Manche Menschen haben in diesem Zusammenhang schon durch kindliche Erfahrungen eine ängstliche Beziehung zu Geld aufgebaut. Vielleicht fängst du erst einmal damit an, mit allen möglichen Menschen über dich, deine Ziele, deine Ideen und deine Projekte zu sprechen. Nicht wie ein Wichtigtuer, sondern dezent und in Maßen. Und ohne die Angst, dass dir jemand etwas wegnimmt. Habe zu den Gesprächen IMMER professionell gestaltete Visitenkarten bei dir, denn es ist ärgerlich für deine Gesprächspartner, eine gute Konversion mit dir geführt zu haben und dann vermeidbare Umstände unternehmen zu müssen, um mit dir in Kontakt zu bleiben.

Professionelle Online-Präsenz

Mache online auf dich aufmerksam: Eine suchmaschinenoptimierte Website mit guten Referenzen und glaubwürdigen Kundenstimmen sowie einem sympathischen Foto (!), ein Blog oder Gastbeiträge auf fremden Blogs, ein kostenloser Eintrag mithilfe eines E-Mail-Kontos bei Google-Diensten wie Google My Business mit aussagekräftigen und echten Bewertungen oder ein gepflegtes Social-Media-Profil sorgen dafür, dass du mit deinem Angebot gefunden und weiterempfohlen wirst.

Wenn du bei Xing angemeldet bist, rufe regelmäßig deine Nachrichten ab. Ich erlebe es häufig, dass sich Kollegen bei Xing anmelden und die Plattform als reine Kontaktesammlung nutzen. Darüber hinaus vernachlässigen sie dieses Netzwerk aber komplett.

Meine Notizen

Prüfe darum, ob du in deinen Einstellungen angegeben hast, dass du per E-Mail benachrichtigt werden möchtest, sobald etwa eine Nachricht für dich eintrifft, und lasse diese Infos in deinem Mail-Account zu.

Ansonsten entgehen dir spannende Kundenanfragen und Empfehlungen von Kollegen! Außerdem solltest du bei Xing deine Kontaktdaten und das Impressum deiner Website in den entsprechenden Feldern eintragen. Machst du dies nicht, haben es andere schwerer, auf dich zuzugehen oder du könntest von einer darauf spezialisierten Anwaltskanzlei abgemahnt werden.

Lege dir auch eine eigene geschäftliche E-Mail-Adresse an, die nach dem „@"-Zeichen den (Unternehmens-)Namen trägt und nicht auf „hotmail.com" oder „gmx.de" oder Ähnliches endet. Das wirkt unprofessionell. Setze diese Punkte auch um, wenn du dafür einige Euros investieren musst. Sobald dein Business gut läuft, empfehle ich sogar definitiv Investitionen in Produkte oder Dienstleistungen anderer. Denn diese können dich auf das nächsthöhere Level hieven und amortisieren sich dann schnell. Außerdem lernst du so, die Perspektive zu wechseln und wichtige Erkenntnisse zu sammeln: Wenn du zum Beispiel Übersetzer bist und einen anderen Übersetzer für einen Job beauftragst, erfährst du durch den Rollentausch, worauf du als Auftraggeber bei Übersetzern Wert legst und inwiefern das deine Kollegen erfüllen. Vielleicht legst du durch die Beauftragung Qualitäten frei, die nur du zu bieten hast und die deinen Marktwert steigern. Oder du machst dir noch mehr bewusst, WARUM es so wichtig ist, einen Übersetzer zu engagieren und welchen Wert dieser hat.

Falls du auf deiner Website von „Wir" sprichst, weil du eine Agentur oder sonst eine Art von Team bist, dann aber immer nur eine einzige Person zu sehen und nur von ihr zu lesen ist, irritiert das. Wenn du nicht möchtest oder die anderen Team-Mitglieder es nicht wollen, dass sie online abgebildet werden, erkläre auf deinen Seiten, dass ihr ein Team seid und du derjenige bist, der alle nach außen vertritt. Ansonsten sprich nicht von „wir", sondern von "ich".

Generell musst du deinen Kunden die Entscheidung, bei dir zu kaufen, so leicht wie möglich machen! Beseitige alle Hürden, die sie davon abhalten könnten. Schärfe deine Marke, entwickle eine Corporate Identity und zeige Profil. Du bist das Original.

Meine Notizen

2.3 Kompetenz

Warum steht Kompetenz erst an dritter Stelle in diesem Teil des Buches? Ist Kompetenz nicht die Basis, um seine Angebote verkaufen zu können und Umsatz zu machen? Ja, das stimmt. Nur stelle ich fest, dass Selbstständige diese Komponente für den Erfolg meist mitbringen. Und die, die sie nicht mitbringen, werden ganz schnell entlarvt und ausgesiebt. Kompetenz bedeutet Fachwissen, Berufserfahrung, Branchenkenntnis, Ausbildung und Studium, Zertifikate und Auszeichnungen. Hat mein Kunde das Zutrauen, das Vertrauen in mich, dass ich sein Problem wunschgemäß lösen kann? Bringe ich eine gute Leistung und stimmt die Qualität?

Frage dich: Was kannst du besonders gut – und dann biete genau das an. Laufe nicht mit einem Bauchladen herum und spiele nicht die eierlegende Wollmilchsau. Denn sonst bist du austauschbar und beschneidest dich selbst. Bleib in deinem Kompetenzbereich.

Wenn du im Akquisegespräch kompetent sein möchtest, bereite dich auf deinen Ansprechpartner und sein Unternehmen vor. Lies dir sein Profil durch, besuche seine Website und sammele Informationen. Wenn du zum Beispiel Recruiter bist und Kandidaten für dein Projekt suchst, schicke der ausgewählten Fachkraft nicht einfach eine Kontaktanfrage, weil du irgendein Wort gesehen hast, das zu deiner Suche passte. Ich erlebe immer wieder, dass meine Angabe auf Xing, mit Content-Management-Systemen umgehen zu können, dazu führt, dass mich Headhunter für einen Web-Entwickler halten. Und warum? Weil sie sich nicht ausreichend informieren und die Profile nur scannen. So strahlst du keine Kompetenz aus!

Um dauerhaft kompetent zu sein, gehört es dazu, sich regelmäßig über neue Trends und Entwicklungen auf dem neuesten Stand zu halten. Fort- und Weiterbildungen sowie Lernbereitschaft sind extrem wichtig, um langfristig auf dem Markt konkurrenzfähig zu bleiben.

Meine Notizen

Für viele langjährige Print-Journalisten, die schon immer für Zeitungen geschrieben haben, wird es zum Beispiel höchste Zeit, sich auch mit den digitalen Medien vertraut zu machen. Ich lese selbst täglich Blog-Artikel zu meinem Themengebiet, nehme an Seminaren teil, um die aktuellen Rankingfaktoren bei Google zu kennen und tauche in Kundenprojekten immer tiefer in die Technik von Website-Systemen ein.

Know-how ist auf vielen Gebieten gefragt

Doch es ist nicht nur Kompetenz in deinen angebotenen Dienstleistungen erforderlich. Als Selbstständiger benötigst du genauso Know-how in vielen anderen Themenfeldern: Marketing, Buchhaltung, Steuer, Altersvorsorge. Welche Versicherungen brauchst du für Schäden, Zahlungsausfälle und Krankheit? Wie stellst du eine rechtssichere Rechnung? Wie forderst du dein Geld bei schlechter Zahlungsmoral deiner Kunden ein? Und sei dir bewusst: Diese Fälle werden bestimmt kommen!

Ich habe mir in dieser Hinsicht so weitergeholfen: Im Bereich Versicherung und Altersvorsorge konsultiere ich einen Experten, genauso lasse ich einen Steuerberater Teile meiner Buchhaltung sowie die Steuererklärung erledigen. Apropos Finanzamt: Lege unbedingt ein Drittel deiner Umsätze für die Steuer zurück! Außerdem komme ich als Mitglied mehrerer Berufsverbände in den Genuss von Rechtsberatungen.

Alles andere habe ich mir im Laufe der Jahre selbst beigebracht. Insbesondere das Mahnwesen lernte ich durch einen nicht zahlenden Kunden zwar unfreiwillig, aber ganz praktisch kennen, sodass ich heute weiß, dass ich Kunden einmal freundlich an die Begleichung der Rechnung erinnere und dann schärfere Geschütze auffahre. Grundsätzlich gilt: 30 Tage nach erbrachter Leistung und Zugang der Rechnung ist der Schuldner auch ohne Mahnung im Zahlungsverzug. Gesetzlich besteht übrigens keine Pflicht, drei Mahnschreiben zu versenden. Das ist mehr eine Kulanz gegenüber dem Kunden.

Meine Notizen

Insbesondere zum Thema Marketing finden sich im Netz unzählige gute Artikel, in die du dich einlesen kannst. Einen Tipp, den ich dort gefunden habe, setze ich seitdem um: Weil Kunden mitunter länger benötigen, um sich für oder gegen ihre Dienstleister zu entscheiden, bin ich dazu übergegangen, in meine Angebote eine Deadline aufzunehmen. Bis zu einem bestimmten Datum gilt das Angebot, danach wird es unwirksam. Denn schließlich muss auch ich planen können und möchte andere Interessenten nicht warten lassen, wenn sie mit ihrer Entscheidungsfindung einen Schritt weiter sind und mich beauftragen möchten. Probiere du das doch auch einmal aus!

Genauso empfiehlt es sich, nicht bei jedem Interessenten gleich ein Angebot zu verfassen. Denn Angebote kosten Zeit. Häufig genügt es, eine grobe Preisvorstellung oder deinen Stundensatz zu nennen. Wenn dann noch Interesse von Seiten des Kunden besteht, kannst du Fragen zum Briefing stellen und ein individuelles, verbindliches Paket schnüren.

Als Texter oder Designer solltest du auch für deine Korrekturschleifen ein begrenztes Zeitfenster setzen. Denn ansonsten können sich die Fertigstellung des Projekts und damit die Rechnungsstellung und Bezahlung hinziehen wie ein Kaugummi. Vereinbare im Vorfeld zum Beispiel, dass das Feedback vom Kunden eine Woche, nachdem du deinen ersten Entwurf abgeschickt hast, kommen muss. Anschließend kannst du diese Änderungswünsche einarbeiten und hast den Kopf frei für den nächsten Kunden.

Meine Notizen

2.4 Persönlichkeit

Was macht eine ideale Gründerpersönlichkeit aus? Welche Soft Skills besitzt sie? Und welche Haltung und Einstellung ist förderlich, um in der Selbstständigkeit bestehen zu können? Einiges dazu habe ich schon im Kapitel *Selbstmanagement* geschrieben, Weiteres folgt im Kapitel *Macher-Gen*. Später komme ich hier in diesem Kapitel auch auf die Themen professioneller Kundenumgang, Kundenservice und Kundenkommunikation zu sprechen. Aus meiner Erfahrung heraus sind es zunächst einmal diese Eigenschaften, die einen guten Unternehmer auszeichnen:

- **Glaube an sich selbst, Zuversicht und Vertrauen**

Wenn DU nicht von dir überzeugt bist, wie sollen es dann andere sein? Erinnerst du dich an meinen Knackpunkt im ersten Jahr, als aus einer Flaute heraus ein zartes Pflänzchen erwuchs und die Geschäfte fortan liefen? Kurz vor diesem Moment habe ich beschlossen, dass ich mich nicht verrückt mache, weil ich weiß, dass ich auf dem richtigen Weg bin und meine Ernte noch einfahren werde. Was habe ich getan? Ich habe an mich selbst geglaubt und meinen Kompetenzen vertraut. Nimm auch du den Druck heraus und schaue positiv in die Zukunft, während du daran arbeitest, die richtigen Dinge richtig zu machen. Auch, wenn es zwischendurch Durchhänger gibt. Und wenn keiner außer dir an dich glaubt? Egal. Hauptsache, du glaubst an dich selbst und deine Stärken! Wichtig ist auch die Zuversicht, dass alles sich fügen und auszahlen wird, wofür du so hart gearbeitet hast. Allerdings hast du keine Gewissheit, dass es wirklich so sein wird und du hinterher ein anderes Level erreicht hast, das sich auch in Zahlen ausdrückt. Diese Unsicherheiten auszuhalten, nennt man Ambiguitätstoleranz. Und diese zu besitzen, fällt in Krisenzeiten besonders schwer.

Meine Notizen

Aber auch in Situationen, in denen nicht klar ist, ob du in Kürze den nächsten Auftrag an Land ziehst, hilft das Vertrauen darauf, dass alles gut wird, und es hilft, konsequent in die richtige Richtung zu marschieren. Wie sagte Winston Churchill? „Wenn du durch die Hölle gehst, geh weiter." Weil du es drauf hast. Weil es in der Vergangenheit geklappt hat. Und weil sich immer eine neue Tür öffnet, wenn sich die andere schließt.

• Durchhaltevermögen, Geduld und Ausdauer

Insbesondere die Anfangszeit von Gründern ist meist hart. Umso wichtiger ist, dass du nicht gleich aufgibst, wenn es nicht so läuft. Bei mir hat es neun Monate gedauert, bis der Stein ins Rollen kam. Viele Kollegen warten teilweise deutlich länger, bis sie sich am Markt etablieren. Bleib dran und sei geduldig!

• Entscheidungsfähigkeit und Verantwortungsbewusstsein

In der Selbstständigkeit triffst du sehr viele Entscheidungen: Welche Kunden akquirierst du? Sollst du irgendwann Angestellte beschäftigen? Macht ein Geschäftskonto Sinn? Genauso musst du unter Druck Verantwortung übernehmen und beispielsweise wichtige Rechtsangelegenheiten schnell klären. Auch ist es bedeutsam abzuschätzen, wann es besser ist, einmal nicht zu arbeiten und der Gesundheit den Vorrang zu geben. Einem Angestellten fällt es leichter, sich krank zu melden, weil dieser währenddessen weiterbezahlt wird. Als Selbstständiger verlierst du Umsatz mit jedem Tag, den du aussetzt. Einerseits willst du nicht bei jedem Husten klein beigeben, andererseits kann dieser Husten der Anfang einer langwierigen Geschichte sein. Das gilt es individuell abzuwägen.

Meine Notizen

Die Gesundheit ist das höchste Gut im Leben. In jedem Fall musst du geradestehen für das, was du glaubst, um klare Entscheidungen treffen und mit unpopulären Meinungen auftreten zu können. Sage nicht Ja, wenn du Nein meinst. „Ja" heißt „Ja" und „Nein" heißt „Nein".

• Flexibilität und kreative Problemlösungskompetenz

Dinge in Frage stellen, mitdenken, Ideen weiterspinnen und kreative Problemlösungen erdenken: Wer das kann, ist klar im Vorteil. Ich nenne es Ideentransfer, wenn du einen erstrebenswerten Zustand in einem dir fremden Bereich bemerkst und diesen dann auf dein eigenes Territorium anpasst und überträgst. Damit treibst du dein Unternehmen voran. Auch Flexibilität die Kundenanforderungen betreffend zählt zu wichtigen Anforderungen in der Selbstständigkeit: Nicht immer stimmen wir mit unserem Kunden darin überein, was er tatsächlich benötigt. Das Ziel sollte sein, dies herauszufinden und ihm zu geben, was er wirklich braucht. Und nicht auf das zu beharren, was man sich selbst vorstellt. Oder du merkst: Die Bedürfnisse deiner Zielgruppe haben sich durch den technischen Fortschritt geändert, also musst du auch dein Angebot anpassen. Ein Beispiel hierfür: die steigende Nachfrage für E-Books. Flexibilität betrifft ebenso deine eigene Denkart und wie schnell du bestehende Überzeugungen über Bord werfen kannst: Glaubst du, es gibt nur die eine Möglichkeit, Geld zu verdienen, nämlich indem du Kunden bedienst? Oder gelangst du zu der Erkenntnis, dass du auch ausschließlich von eigenen Projekten leben kannst?

Es geht!

„Alle sagten immer, das geht nicht, dann kam jemand, der das nicht wusste, und hat es einfach gemacht!" – Quelle: unbekannt

Meine Notizen

Wenn du noch davon überzeugt bist, dass etwas aktuell nicht möglich ist, ist das okay. Aber dabei darfst du es nicht belassen. Stattdessen solltest du dich fragen: Was muss ich tun, DAMIT es geht?

Und auf das eben genannte Beispiel bezogen, heißt das: Wie zügig schaffst du es, diese Tatsache wirklich als Tatsache zu begreifen und daraufhin zu arbeiten, dich noch unabhängiger zu machen? Wie lange benötigst du, um den Schalter mental umzulegen?

• Leidenschaft, Biss, Engagement

Gerade in der Selbstständigkeit sind – temporäre – Belastungsspitzen normal. Zeigst du hohen Einsatz, registrieren das dein Umfeld und deine Kunden. Hier liegt die Herausforderung darin, die eigenen Grenzen zu kennen und auch zu wahren. In jedem Fall solltest du für deine Geschäftsidee brennen und das lieben, was du tust. Verliere niemals deine Begeisterung! Denn nur so fließt positive Energie, die dich antreibt und mit der du schwere Phasen leichter überbrücken kannst. Kunden, Erfolg und Geld kommen dann fast von alleine.

• Belastbarkeit und Stressresistenz

Wie ist es um deine Fitness bestellt, wie um deine psychische Verfassung? Vom Tischtennis weiß ich: Um mental auf der Höhe zu sein, muss ich körperlich fit sein. Körper und Geist gehen Hand in Hand. Du solltest mit der finanziellen Unsicherheit, unbequemen Personen und den vielen Anforderungen umgehen können, wenn du dich selbstständig machst. Auch der familiäre Rückhalt spielt eine wichtige Rolle.

• Mut und ausgewogenes Risikoverhalten

„Ich bewundere dich für deinen Mut", sagen mir Menschen, wenn ich ihnen erzähle, dass ich meinen Job gekündigt habe und nun selbstständig arbeite.

Meine Notizen

Tatsächlich solltest du nicht der allervorsichtigste Mensch sein, wenn du das gleiche Vorhaben hast. Hin und wieder musst du etwas riskieren und auch abschätzen können, ob der Schritt für dein Unternehmen eine ernstzunehmende Gefahr darstellt oder ein kontrolliertes Wagnis ist. Zum Beispiel, wenn du für ein Großprojekt beim Honorar pokerst oder auf die Einzahlung in die freiwillige Arbeitslosenversicherung oder eine Rechtsberatung verzichtest, weil du dir das Geld dafür lieber sparen möchtest. Grundsätzlich gilt jedoch: Nichts ist so heiß, wie es gekocht wird. Du wirst nicht in der Hölle schmoren, wenn du einmal etwas falsch machst. Habe keine Angst vor Niederlagen. Du kannst nur daraus lernen. Zu einem mutigen Verhalten zählt auch, nicht in Dauerschleifen Pläne aufzustellen, um mit einem perfekten Plan jegliches Risiko auszuschließen. Komm irgendwann ins Handeln. Dann wirst du auch fertig.

• Offenheit für Neues

Blicke über den Tellerrand, schaue, welche Ratschläge und Tipps du annehmen willst – und wenn du sie nicht annimmst, bedanke dich trotzdem. Höre zu, was andere Menschen beschäftigt und was sie dir mitteilen. So kannst du immer neue Verbindungen schaffen, weil du Nützliches adaptieren und andere Menschen miteinander bekannt machen kannst. Und arbeite an der Weiterentwicklung deines Unternehmens, denn: „Wer rastet, der rostet." Bleibe immer neugierig. Stehe zu deinen Plänen und Konzepten, aber bleibe offen für Veränderungen!

• Willensstärke und Überzeugungsfähigkeit

Wenn du von deiner Idee überzeugt bist, dann brennst du. Stecke auch andere damit an und reiße sie emotional mit. Setze dir in den Kopf, was du erreichen willst und dann gehe es an. Mit Verbündeten an der Seite fällt das entschieden leichter.

Meine Notizen

• Hartnäckigkeit und Frustrationstoleranz

In der letzten Akquise-Offensive hat dein potenzieller Kunde noch nicht angebissen? Der Kollege wollte sich bei dir melden und vergisst es ständig? Erinnere ihn daran und gib erst Ruhe, wenn du hast, was du willst. Du erleidest Rückschläge und kommst deinem Ziel nicht näher? Stehe wieder auf und probiere es von Neuem! DAS ist Hartnäckigkeit. Und sie zahlt sich aus. Denn du behältst die Kontrolle über deinen Weg und gibst anderen nicht die Macht. Und am Ende erreichst du dein Ziel!

• Empathie und soziale Kompetenz

Wenn du den Bedarf deiner Zielgruppe ermitteln willst, musst du Fragen stellen und aufmerksam sein. Du musst in der Lage sein, dich in deinen Kunden hineinzuversetzen, ihm gut zuzuhören und ihn wirklich zu verstehen. Genauso gehört es dazu, sozialkompetent in Netzwerken und im Austausch mit Kollegen zu agieren und ein gutes Miteinander zu schaffen: Wer dauerhaft negativ auffällt, wird es schwer haben.

• Integrität und Diskretion

Lebe deine eigenen Werte und Überzeugungen. Sei „unbestechlich". Als Dienstleister, der erneuerbare Energien befürwortet, arbeite ich zum Beispiel nicht für Unternehmen, die den Abbau von Braunkohle fördern. Lästere nicht und behandle deine Kunden respektvoll, unaufdringlich und unaufgeregt. Wenn du bestimmte Wesenszüge an den Tag legst, die spürbar abschrecken, weil du zum Beispiel häufig schlecht über andere redest oder chronisch wankelmütig bist, überdeckt das deine positiven Seiten. Die Leute differenzieren nicht mehr und nehmen dich nicht mehr als glaubhafte Person wahr. Führe deinen Kunden nicht an der Nase herum. Zum Beispiel, indem du ihm zusicherst, eine Buchung über deinen Online-Shop stornieren zu können und eine Gutschrift zu erhalten, die er bei der Ersatzbuchung dann aber in keinem der Bestellprozessschritte geltend machen kann oder die nur sehr versteckt zu finden ist.

Meine Notizen

Täusche ihn auch nicht – zum Beispiel mit gefälschten Testimonials. Das gehört sich nicht und wird ans Licht kommen – und dann bist du geliefert! Du würdest das als Kunde auch nicht wollen. Es beschädigt nachhaltig die Geschäftsbeziehung, weil Vertrauen und Glaubwürdigkeit darunter leiden. Sei in dieser Hinsicht als Einzelunternehmer ein Vorbild!

Kundenumgang, Kundenkommunikation, Service

Und wie steht es jetzt um den Kundenumgang und die Kundenkommunikation? Grundsätzlich empfiehlt es sich, freundlich und erreichbar zu sein sowie positiv aufzufallen. Doch was gehört alles dazu, insbesondere, wenn es sich um ein Erstgespräch handelt? Hier einige Aspekte: kurzfristige Terminvereinbarungen, eine professionelle Vorbereitung und ebensolche Unterlagen, schnell einen guten Draht zum Klienten erzeugen und ein schönes Ambiente ebenso wie eine positive Gesprächsatmosphäre herstellen.

Um Stress von vornerein zu vermeiden, empfiehlt Colja Dams in „Der Anti-Stress-Trainer für Selbstständige" von Marcel Schettler Folgendes: „Klare Ziele. Konkrete Absprachen. Transparentes Vorgehen. Wenig Raum für Interpretationen geben. Absprachen möglichst direkt schriftlich fixieren. In schwierigen Situationen den ‚Elefanten im Raum' direkt und offen ansprechen.

Besprich Persönliches erst ausführlicher, nachdem der Auftrag klar skizziert wurde. Betone einmal kurz und dezent deine eigenen Hauptstärken und gehe dann voll auf deinen Kunden ein. Lasse ihn gewähren, wenn er genau weiß, was er will. In diesem Fall arbeite mit seinen Vorstellungen und biete höchstens Alternativen an.

Und ansonsten? Verbindlichkeit, Verlässlichkeit und Sorgfalt gehören zum Einmaleins und sind die wichtigsten Voraussetzungen, um dem Kunden einen echten Mehrwert zu bieten. Viel zu viele beherzigen diese einfachen Dinge nicht, daher solltest du erst einmal DARAN arbeiten, bevor du dich auf die Suche nach dem innovativen und abgefahrenen „nächsten großen Ding" machst.

Meine Notizen

Ein Beispiel: Meine Schwägerin hat ihr Fahrrad zum Händler gebracht, weil es repariert werden musste. Als sie dort anrief und fragte, wann sie es wieder abholen könne, sagte ihr der Werkstattleiter: „Welches war denn Ihr Rad ...? Ach so, das hier. Montag ist es vielleicht fertig". Als sie am Montag anrief, erkundigte er sich bei ihr zunächst wieder, um welches Rad es sich denn überhaupt handelte und meinte dann: „Mittwoch vielleicht". Am Freitag setzte sie ihm, mittlerweile zurecht reichlich verärgert, sprichwörtlich die Pistole auf die Brust und verlangte, ihr repariertes Fahrrad noch am selben Tag abholen zu können.

Was will ich damit sagen? Mache es genau andersherum: Teile deinem Kunden mit, wann du deine Leistung verbindlich abliefern wirst, ob und wann du dich bei ihm meldest und was du in welchem Zeitraum von ihm benötigst. Und höre ihm genau zu. Nur dann fühlt er sich ernst genommen und wohl bei dir. Halte ein, was du versprichst. Meine, was du sagst und tue, was du sagst. Nichts ist nervtötender als ein Dienstleister, dem man ständig hinterherrennen muss, weil er unzuverlässig ist. Und wenn du weißt, dass du deinem Ansprechpartner beim Networking niemals einen Auftrag vergeben werden kannst, stelle es ihm auch nicht in Aussicht. Damit ist keinem geholfen.

Man kann Amazon – in meinen Augen zurecht – kritisieren, aber allein in puncto reibungslose Abwicklung beim Kauf und im Nachgang (Rücksendung etc.) ist der Online-Anbieter absoluter Vorreiter und wohl auch der Grund, warum Millionen von Menschen dort gerne bestellen und dem Giganten die Treue halten.

Schaue also zunächst, dass das, was deine Kunden bei dir bestellen, genau so abläuft wie gewünscht: im gewünschten Zeitraum, zum vereinbarten Preis, in der versprochenen Verfügbarkeit, mit einem technisch einwandfreien Ablauf und in der erwartbaren Qualität – ohne Nachhaken, Nachfragen und Beanstandung seitens des Kunden. Wer seinen Alltag aufmerksam auf diese Kriterien hin überprüft, wird sehen, dass so eine reibungslose Transaktion seltener als gewünscht zustande kommt. Halte die Basics ein!

Meine Notizen

Anfragen beantworten und Abmachungen einhalten

Sei sorgfältig in deiner Arbeit. Ich habe unzählige Male von Kunden gehört, dass meine Vorgänger die abgesprochene Anzahl an Wörtern pro Text nicht eingehalten und entweder zu viel oder zu wenig geschrieben haben. Halte einfache Vorgaben ein. Und habe alle Anforderungen auf dem Schirm – auch hier ist es sehr anstrengend, wenn man dich immer wieder daran erinnern muss, jede Teilaufgabe der langen Liste abzuarbeiten. Beantworte Fragen komplett und nicht nur teilweise. Kommuniziere und handle zügig. Wer regelmäßig nach ein oder zwei Tagen auf Kundenanfragen reagiert, hat gute Karten. Schlecht ist es dagegen, wenn eine Resonanz nach einer gefühlten Ewigkeit immer noch auf sich warten lässt. Oder Nachrichten gar nicht beantwortet werden. Interessenten schreckst du damit ab. Halte Deadlines also ein!

Es spielt alles in deine Glaubwürdigkeit hinein. Wenn du ehrlich, authentisch und umgänglich bist, erzeugst du Vertrauen und Sympathie. Dann bist du wie ein Magnet, der andere ganz automatisch anzieht. Komme pünktlich zu Veranstaltungen und sage rechtzeitig ab, wenn du es nicht schaffst. Meistens hat deine Entscheidung nämlich nicht nur Auswirkungen auf dich, sondern auch auf viele andere. Du vermeidest damit Unmut.

Halte Versprechen und Abmachungen ein, denn nur dann kann und wird man auf dich zählen. Wie du guten Service bietest, möchte ich dir jetzt anhand eigener (Negativ-)Erfahrungen erklären, die sich wunderbar auf den Alltag eines Selbstständigen übertragen lassen. Das erste Beispiel stammt aus meiner Zeit in Australien.

Wir haben dort eine Bootstour raus aufs offene Meer gebucht, weil wir unbedingt Delfine in ihrer natürlichen Umgebung sehen wollten. Die Dame am Schalter des Anbieters hat uns sehr freundlich empfangen und beriet uns kompetent, welche Tour am besten zu unseren Wünschen passte. So konnten wir eine gute Entscheidung treffen und erwarben ein Ticket. So weit, so gut.

Meine Notizen

Am nächsten Morgen warf meine Verlobte jedoch einen Blick auf den Bon. Plötzlich bemerkte sie, dass ein anderer Tag angegeben war, als wir ausgemacht hatten. An diesem Tag wären wir aber bereits wieder abgereist gewesen. Eine Tour wäre für uns so nicht möglich gewesen. Also gingen wir zurück zur Schifffahrtsgesellschaft und teilten dort mit, dass sich die Dame vom Vortag vertan habe. Diesmal sprachen wir mit einer jüngeren Kollegin, die daraufhin in die Büros entschwand und vermutlich ihren Chef fragte, was nun zu tun sei. Als sie wiederkam, sagte sie uns, dass sie das Ticket ausnahmsweise ändern könnte. „Ausnahmsweise ändern könnte"? Das Unternehmen hat einen Fehler gemacht und zeigt sich nun „kulant" gegenüber dem Kunden?

Natürlich konnte die junge Dame nicht wissen, ob ihre Kollegin sich tatsächlich im Tag geirrt hatte. Es hätte schließlich sein können, dass wir, die Kunden, den Zahlendreher zu verantworten hatten und nun keine Stornierungskosten zahlen wollten. Nur: Da sie es eben weder in die eine noch in die andere Richtung wusste, respektive nachweisen konnte, und die Absolution gegeben hatte, das Ticket umgehend abzuändern, hätte sie auch direkt sagen können: „Tut mir leid, dann ändern wir das kurz um." Aus, fertig. So aber lässt sie den Kunden, dem man aus Nettigkeit entgegenkommt, mit einem unguten Gefühl zurück.

Situationen nach diesem Muster sind mir auch hierzulande schon sehr oft untergekommen. Deshalb: Entweder du kannst zweifelsfrei belegen, dass die Verantwortung beim Kunden liegt. Dann gehst du anders mit dem Fall um. Oder du gibst deinem Kunden, was er möchte – ohne dich als Samariter aufzuspielen.

Die Bootstour war im Übrigen grandios. Auch der Service gefiel uns super, davon abgesehen …

Meine Notizen

Großes Plus: Eigeninitiative und Transparenz

Der zweite Punkt, den ich behandeln möchte und der sehr wichtig ist: Eigeninitiative. Auch hier wieder ein kleiner Erlebnisbericht: Mein Firmenwagen musste zur Inspektion. Als der Mechaniker seine Arbeiten abgeschlossen hatte, teilte ich ihm mit, dass ich gerne per Bankeinzug bezahlen oder ansonsten eine Überweisung vornehmen wollte. Eine Überweisung sei bei ihnen schwierig, aber es gäbe ein Formular für den Bankeinzug, erwiderte er. Also ging ich zum Empfangsschalter und bekräftigte erneut meinen Wunsch für die Begleichung meiner Rechnung. Die Dame meinte, ich sei als Barzahler im System hinterlegt, könne daher nur bar zahlen. Komisch nur, dass ich sonst immer meine Zahlungen mit der girocard beglichen habe. Außerdem ließe sich das doch bestimmt abändern, sagte ich. Als ich danach fragte, ob sie nicht ein Formular hätten, mit dem ein Bankeinzug möglich ist, ging genau das ganz plötzlich! Zwar nicht direkt bei diesem Zahlvorgang, doch ab dem nächsten Besuch. Was ich mich daraufhin fragte: Wieso kommt SIE nicht darauf, mir diese Alternative anzubieten? Wieso muss ich als Kunde im Dickicht ihres starren Systems nach Lösungen suchen und sie mit der Nase drauf stupsen?

Fazit: Wenn etwas nicht geht, was der Kunde wünscht, überlege dir proaktiv andere Optionen, die du ihm anbieten kannst! Handle auf keinen Fall nach der „Friss oder stirb"-Methode.

Zu einer guten Kundenbetreuung gehört auch Transparenz. Schlüsseln wir das mal am Beispiel der Inspektion auf: Direkt bei der Abgabe des Autos könnte der Fachmann seinen Kunden über den Ablauf aufklären und ihn initiativ nach seinen konkreten Wünschen und möglichen Mängeln befragen. Viele legen einfach mit ihrem üblichen Prozedere los, ohne dem Kunden vorher Raum zu geben, und hinterlassen Fragezeichen beim Auftraggeber. Dieser wird durch die Ungewissheit unruhig, wenn er Hilfe bei seinen Problemen benötigt und seine Anliegen nicht anbringen kann.

Meine Notizen

Ganz wichtig ist es stattdessen, transparent zu kommunizieren. Versetze dich immer in die Lage des anderen: Was für dich selbstverständlich ist, weil du die Abläufe kennst, ist für den Kunden völlig unklar. Er weiß nicht, dass du den Auftrag tatsächlich im gesteckten Zeitrahmen abschließen wirst und wie du vorgehst. Also ist es sinnvoll, proaktiv Zwischenmeldungen abzugeben und für Klarheit zu sorgen. Im Falle des Autohändlers wäre es demnach nett, wenn er wie der Fahrradhändler am Schluss von sich selbst aus über die Dauer und den Abholzeitpunkt aufklärt und diese Termine dann auch fix einhält! Das zeugt von Professionalität und gibt dem Gegenüber das Gefühl, beim Anbieter seiner Wahl richtig aufgehoben zu sein.

Lösungsorientiert schlägt problembeladen

Und nun der letzte Aspekt zum Thema Kundendienst: Lösungen statt Probleme. Grundsätzlich solltest du nicht zu viele Baustellen bei deinem Kunden offenlegen, sondern immer erst Lösungen für bestehende Probleme finden. Ansonsten fühlt sich dein Kunde überfordert und angegriffen. Wenn du dagegen gleich die Lösung mit anbietest, lassen sich die Probleme Stück für Stück abarbeiten. Eigentlich meine ich hinsichtlich des Themas Lösungsorientierung aber etwas anderes. Daher auch hier wieder eine selbstgemachte Erfahrung zur Veranschaulichung: Für unsere Hochzeit hatte sich meine Frau einen Brautstrauß mit Hortensien gewünscht. Sie ging zu zwei Floristen und ließ sich beraten. Der Unterschied zwischen den Dienstleistern: Der eine speiste sie kurz und trocken ab mit der Empfehlung, zehn Tage vor der Hochzeit noch einmal zu erscheinen, um gemeinsam zu schauen, ob dann noch Hortensien verfügbar seien. Der andere dagegen schlug gleich mehrere konkrete Ideen und Möglichkeiten vor, falls die Variante mit den Hortensien nicht hinhauen sollte. Er nahm sich Zeit für das persönliche Gespräch und arbeitete zusammen mit seiner Kundin an der perfekten Lösung. Er bemühte sich, nahm das Anliegen ernst und beschäftigte sich eingehend vor der Bezahlung mit dem individuellen Produkt für seine neue Brautstrauß-Besitzerin. Du kannst dir sicher vorstellen, wo meine Frau eingekauft hat ...

Meine Notizen

Es empfiehlt sich sowieso immer, eine „Fallback-Lösung" mit anzubieten, sprich: ein Sicherheitsnetz, einen Fallschirm, einen Plan B. Beim Hochzeits-DJ zum Beispiel die Option, einen Notfall-DJ einzusetzen, falls der ursprünglich vorgesehene DJ kurzfristig ausfallen sollte. Oder beim Verlobungsring erst einmal ein Musterexemplar für den Antrag mitzugeben, damit die richtige Größe des Ringes für die Frau vor Ort ausgemessen werden kann. Wäre sonst schade drum ...

Das alles sind Pluspunkte, die dem Kunden Sicherheit geben, weil sie Risiken verringern und die Wahrscheinlichkeit erhöhen, dass er bei dir kauft.

Apropos lösungsorientiert statt problembeladen: So abgedroschen es klingt, aber du solltest auch in Problemen stets Chancen zur Weiterentwicklung sehen. Wenn du Redakteur bist, weißt du zum Beispiel, dass deine Texte nicht immer glatt beim Kunden durchgehen: Manchmal gibt es einige wenige kleine Anmerkungen, manchmal musst du tiefer in die Struktur gehen und Anpassungen vornehmen. So eine Kritik am eigenen Text ist erst einmal nicht schön. Und gerade wir Redakteure sind ja berufsbedingt sehr kritisch – auch uns selbst gegenüber. Aber die Kritik am Text ist Kritik an der Sache und nicht persönlich gemeint. Und vor allem: Sie hilft dir, noch besser zu werden: Du erweiterst deine Skills. Du kannst deinem Kunden in Zukunft einen noch höheren Wert bieten, wenn du beim nächsten Auftrag die Verbesserung und den Lerneffekt im Hinterkopf hast und das Gelernte bei allen Kunden umsetzt. Viel eher, als wenn du das Feedback nicht bekommen hättest. Wenn der Kunde nicht das findet, was er sucht oder noch nicht zufrieden ist, bietet dir das also die Gelegenheit zu wachsen: innerlich, weil du dein Business optimieren kannst und äußerlich, weil du dann mehr verkaufst. Unternehmergeist bedeutet insofern auch immer, sich selbst bei allem zu fragen, wie es noch besser geht.

Zum Schluss noch eine Geschichte dazu: Als mir ein Kunde einmal ausschweifende Änderungswünsche an meinen Texten um die Ohren schlug, war ich zunächst irritiert. Denn mit derart vielen Korrekturen hatte ich nicht gerechnet. Ich fragte mich, wie ich mit dieser Situation am besten umgehen sollte. Ich nutzte dieses „Problem", um daraus eine Lösung zu generieren: Ich bot einem anderen Kunden kurzerhand einen Artikel an. Arbeitstitel: Umgang mit Kritik am eigenen Text. Zwei Fliegen mit einer Klappe geschlagen.

Meine Notizen

2.5 Netzwerk

Wozu ich so viele Kontakte habe, fragte mich kürzlich ein Kollege. Nun, es gibt viele Gründe, weshalb ich mein Netzwerk seit einigen Jahren intensiv erweitere. Insbesondere als Journalist bin ich darauf angewiesen, viele Ansprechpartner zu haben, auf die ich im Bedarfsfall zurückgreifen kann. Zum Beispiel, wenn ich Interviewpartner suche und Expertenmeinungen brauche. Auch für alle anderen Unternehmer sind Netzwerkpartner und Kollegen extrem wichtig. Weshalb ist das so?

Ein Beispiel: Stell dir vor, du benötigst in einem ganz bestimmten Land Beziehungen, weil du neue Märkte erschließen möchtest. Dann ist es sehr wertvoll, einen direkten Draht zu jemanden zu haben, der dich mit Informationen und konkreten Hilfestellungen versorgen kann. Oder du möchtest für deine Dienstleistung empfohlen werden. Je mehr Menschen dich kennen und wissen, wofür du stehst, desto wahrscheinlicher ist es, dass sie dich kontaktieren. Bedanke dich immer eigeninitiativ dafür, wenn jemand an dich denkt!

Auch die Reichweite spielt heute eine große Rolle: Wenn du viele Menschen als digitale „Follower" vorweisen kannst, ist das für Unternehmen attraktiv. Und zwar aus dem Grund, weil sie dann durch dich leichteren Zugang zu ihrer Zielgruppe haben und ihre Produkte über dich vermarkten können.

Darüber hinaus dient ein engmaschiges Netzwerk dazu, über den Tellerrand hinauszuschauen: Wie machen es die anderen, was lässt sich adaptieren? In Stammtischen wie meinem Heldentreff tauschen sich Medienschaffende aus, inspirieren sich gegenseitig und warnen sich vor Stolpersteinen. Wer nur im stillen Kämmerlein vor sich hin werkelt, bekommt nicht mit, was um ihn herum passiert. Es droht sogar die Vereinsamung – das kennst du bestimmt. Vielleicht sind Coworking-Spaces eine Option für dich, um in den Austausch mit anderen Freiberuflern zu kommen.

Meine Notizen

Dort kannst du Arbeitsräume mieten und teilst dir die Infrastruktur mit anderen Einzelunternehmern und Startups. Eine Übersicht von Coworking-Orten in Deutschland findest du in der Linksammlung am Ende dieses Buches.

Im Sinne einer guten Sichtbarkeit und zunehmenden Bekanntheit ist es sinnvoll, Veranstaltungen zu besuchen und dort aktiv zu sein. Und es ist gut, wenn du lernst, durch Aneignung entsprechender rhetorischer und Smalltalk-Fähigkeiten solche Unterhaltungen auch zu genießen, falls du das bisher nicht tust. Das geht – wie ich dir aus eigener Erfahrung versichern kann. Übe es einfach. Du wirst merken, dass du Rückhalt von der Gemeinschaft bekommst. Sie wird auf dich aufmerksam und interessiert sich für dich.

Zu wissen, du bist nicht alleine mit deinen Problemen, tut gut und stärkt dich. Biete ohne Gegenleistung proaktiv deine Hilfe an und du wirst Unterstützung von anderen erhalten. Nicht unbedingt immer von derselben Person, aber es spricht sich herum, wer zu geben bereit ist und wer nur auf seinen eigenen Vorteil bedacht ist. Pflege deine Kontakte in den sozialen Netzwerken und verbinde eine Anfrage stets mit einer kurzen persönlichen Nachricht.

Je länger du in deinem Netzwerk präsent bist, desto eher wirst du auch Jobanfragen erhalten. Doch hüten sich die Kollegen nicht davor, ausgerechnet ihren Wettstreitern spannende Aufträge zu übertragen? Das zumindest ist eine Ansicht, die manchmal an mich herangetragen wird. Ich antworte dann: Konkurrenz ist für mich kein Thema. Nein, ich betrachte meine Kollegen nicht als solche. Die Autoren Förster und Kreuz bezeichnen in ihrem Buch „Alles, außer gewöhnlich" diese Denke von Menschen, „die der Überzeugung sind, dass genug für alle da ist, solange sie aktiv sind und die Zukunft bauen" als „Fülledenken" oder „Growth Mindset". Im Gegensatz zu denen, die „jede Veränderung als Bedrohung wahrnehmen" und den Status quo verteidigen wollen. Das nennen sie „Mangeldenken" oder „Fixed Mindset". Ich bin der Meinung: Jeder hat seinen eigenen Schwerpunkt, und es geht vielmehr darum, sich beizeiten neu zu erfinden und immer wieder von seinen Mitbewerbern zu unterscheiden. Immer einen Schritt weiter zu sein als die anderen. Denn mit dem Weg, den du gegangen bist, bist du zum Status quo gelangt. Um den nächsten Schritt zu machen, bedarf es einer Weiterentwicklung.

Meine Notizen

Ich bin ohnehin stets meinen eigenen Weg gegangen. Ich wollte nie andere kopieren, sondern mir höchstens abschauen, was andere besser können.

Agiere klug: Suche dir Kooperationspartner

Auf Networking-Events tummeln sich immer wieder auch potenzielle Kunden, sodass dies gleichzeitig eine Akquise-Möglichkeit für dich ist. Wobei du Netzwerken und Kundengewinnung voneinander trennen solltest, denn gezieltes Werben auf solchen Veranstaltungen schreckt ab. Vielmehr geht es darum, unverkrampft eine Verbindung zu deinem Gesprächspartner herzustellen und mit jedem Kontakt einer Zusammenarbeit näherzukommen. Networking braucht Zeit.

Unter allen Kontakten, die du kennst, gibt es lose Bekanntschaften, dann Netzwerkpartner, mit denen du regelmäßig zu tun hast – und es gibt Kooperationspartner. Ich habe mehrere von ihnen. Denn es ist sinnvoll, Aufgaben, die du nicht ganz so gut erledigen kannst oder magst, abzugeben. Und dafür anderen zu dienen, indem du ihnen das abnimmst, was sie hassen – und du liebst. Das macht Spaß und ist viel effizienter, als wenn du alles selbst erledigst. Scheue dich nicht davor, Wildfremde anzuschreiben, wenn sie dir mit ihrem Angebot positiv aufgefallen sind. Und gib tatsächlich Verantwortung ab, wenn du deinem Geschäftspartner vertraust. Ein Solo-Selbstständiger muss NICHT alles selbst erledigen. Suche dir ein Erfolgsteam zur Unterstützung und wachse zusammen mit deinen Partnern! Strategisches Netzwerken zahlt sich aus.

Wenn du erfolgreich bist, lasse andere an deiner Fülle teilhaben. Das macht dich noch reicher – nicht nur bezogen auf den materiellen Effekt. Vor einigen Monaten ist mir bewusst geworden, welche großartigen Resultate meine harte Arbeit hervorgebracht hat. Davon wollte ich etwas zurückgeben. Mir kam die Idee, ein Projekt zu sponsern, das sich für die Förderung von Gesundheit oder den Schutz der Umwelt einsetzt, am liebsten im Zusammenhang mit Kindern. Noch ist mir nicht die zündende Idee gekommen. Wenn du einen Tipp für mich hast, kannst du mir diesen gerne schicken …

Meine Notizen

2.6 Macher-Gen

Wenn du nun die unternehmerischen, fachlichen und persönlichen Voraussetzungen erfüllst, dich selbst bestens zu steuern weißt und eine Gemeinschaft um dich herumgebildet hast, die dir Halt gibt, fehlt nur noch die Umsetzung. Das Machen. Dabei ist es von Vorteil, wenn du in verschiedene Rollen schlüpfen kannst. Denn ein Unternehmer mit Macher-Gen hat unterschiedliche Facetten: Einerseits brauchst du eine gestalterische und kreative Veranlagung, andererseits einen handlungsstarken und kontrollierenden Part. Wie sieht das im Einzelnen aus?

Eine positive Grundeinstellung ist schon mal gut, um sich mutig den Herausforderungen stellen zu können und neue Wege zu gehen. Blicke über den Tellerrand und übertrage auf deine eigene Situation und deinen eigenen Bedarf, was andere gut, besser und erfolgreicher machen. In einem redaktionellen Tätigkeitsfeld kannst du dir zum Beispiel von Musik- oder Poetry-Slam-Künstlern Inspirationen für den Textaufbau holen.

Als Selbstständiger bist du auch in der Lage, Pionier und Vorreiter zu sein. Bekannterweise haben größere Unternehmen die Möglichkeit, ihren Mitarbeitern über die Betriebliche Gesundheitsförderung (BGF) Anreize zu schaffen, mehr Sport zu treiben oder sich gesünder zu ernähren. Warum sollten nicht auch Solo-Selbstständige davon profitieren können? Das habe ich mich gefragt, und ein Anruf bei meiner Krankenkasse ergab: BGF für Einzelunternehmer? Das gibt es noch nicht und wäre ein Fall für ein Pilot-Projekt. Also stieß ich das Thema an.

Du siehst: Du hast viel mehr Macht, als du glaubst. Eigne dir Wissen an, konsolidiere es und setze um. Du wirst dich selbst dabei ständig weiterentwickeln. Der Zyklus sieht so aus: Erkenntnisse sammeln, in den Alltag integrieren, Fehler machen, Erkenntnisse sammeln ... und so weiter. In Blogs, Podcasts, auf Websites und in Facebook-Gruppen sauge ich wissbegierig alle spannenden Informationen auf – und

Meine Notizen

notiere mir immer nur das, was für mich neu ist. Das gilt zum Beispiel auch für Veranstaltungen. Ich sehe viele, die ungefiltert alles mitschreiben und sich hinterher nicht noch einmal mit den vielen Informationen beschäftigen, ganz einfach deshalb, weil es viel zu viele geworden sind. Um sich nicht zu verzetteln, ist aber die Essenz wichtig – und mit dieser Essenz gilt es dann, ins Handeln zu kommen!

Verzetteln ist ein gutes Stichwort: Suche nach Chancen und halte ständig Augen wie Ohren offen. Behalte den Fokus sowie dein Ausgangsziel im Blick. Mache nur nicht den Fehler, jedem neuen Reiz nachzugehen. Denn ansonsten drehst du dich im Kreis. Insbesondere gilt das für kreative Köpfe, die immer viele Ideen haben, wie sie ihr Business gestalten können. Generiere und teste diese Ideen ruhig: Du könntest deinen Kunden jede Woche Fortschrittsmeldungen schreiben, in denen du festhältst, an welchen Punkten du gearbeitet hast und welche davon schon erledigt sind. Oder du könntest ein Willkommenspaket für die Besucher deiner Website schnüren, das transparent über die Abläufe der Zusammenarbeit mit dir aufklärt und durch das sie sofort wissen, was sie bei dir erwartet. Wenn du ein Sozial-Unternehmer bist, und deine Kunden begleichen ihre Rechnungen nicht, könntest du initiieren, dass in Zukunft Verzugszinsen anfallen, die einem sozialen Projekt zugutekommen. Damit unterstreichst du obendrauf noch deine Positionierung.

In dieser Rolle als kreativer Unternehmer zeichnet dich Neugier aus. Du liebst die Abwechslung und das Ausprobieren. Experimentiere mit den verschiedenen Formen der Akquise und finde heraus, welche die passende für dich ist. Hauptsache, du testest sie aus! Sei aktiv und zeige Präsenz – digital und offline. Gehe auf Menschen zu und sprich sie an. Ich habe beispielsweise in Matthias einen wunderbaren Kooperationspartner gefunden. Und das, obwohl er mir komplett fremd gewesen ist, in dem Moment, als ich ihm damals eine Nachricht schickte. Doch er hat mein Angebot angenommen, sich einmal persönlich mit mir zu treffen, weil ich ihm ehrlich gesagt habe, dass mich seine Arbeit begeistert. Es ergeben sich zahlreiche Möglichkeiten, wenn Menschen dazu bereit sind, über ihren Schatten zu springen und aktiv ins Handeln kommen ...

Meine Notizen

Echte Macher sind gefragt

Neben dieser kreativen Facette sind in bestimmten Momenten echte Macher gefragt! Wenn du dein Unternehmen gerade erst gegründet hast, geht es zunächst einmal darum, dass du schnell Kunden gewinnst und Umsatz einfährst. Um nichts anderes. Denn du willst davon leben können. Das bedeutet, schon früh Prioritäten zu setzen und nicht zu viel Zeit mit einem schicken eigenen Büro, dem Kauf des neuesten Smartphones oder einer besonders toll gestalteten Website zu verschwenden. Leistungsorientiert, diszipliniert, selbstbewusst – entwickle und zeige Manager-Qualitäten!

Werde dir im ersten Schritt darüber bewusst, was du überhaupt erreichen willst. Wohin soll die Reise gehen, wie kannst du deine Interessen bestmöglich zur Geltung bringen? Und dann schreibe dir konkrete Ziele auf: äußere Ziele wie einen bestimmten Jahresumsatz und bestimmte Aufträge/Projekte, die du an Land ziehen willst oder innere wie „Das möchte ich an mir und meiner Dienstleistung verbessern" oder „Diese Auszeiten möchte ich mir auf jeden Fall gönnen". Schlage dabei die Türen hinter dir zu! Dann gibt es keine Ausreden mehr. Sprich: Erhöhe den Druck auf dich selbst, indem du anderen von deinem Vorhaben erzählst und denen du Rechenschaft ablegen musst, nachdem du es groß angekündigt hast. Gehe die Ziele an und bleib durchsetzungsstark dran.

Gründe, mit dem Vorhaben nicht anzufangen oder frühzeitig aufzugeben, gibt es viele: Prokrastination, also das ständige Aufschieben, Perfektionismus, Überforderung, weil du bei so vielen sich türmenden Aufgaben gar nicht weißt, womit du anfangen sollst, Angst vorm Scheitern, zu viele interessante Dinge, zu viel „draufrumdenken" statt erst einmal zu machen und schließlich der innere Schweinehund, der doch stärker ist. In fast allen Fällen ist machen, machen, machen die Lösung. Nicht nur reden, sinnieren und bis ins Detail planen, sondern schlichtes Handeln – mit Konsequenz, Kontinuität und Nachdruck. Und bei gefühlt unendlich vielen Aufgaben empfehle ich dir, alles, was dir auf den Nägeln brennt, auf ein Papier zu schreiben, um zunächst dein Kopfkino zu stoppen. Danach kannst du in Ruhe eine Priorisierung vornehmen und dich Schritt für Schritt der Bewältigung dieses Berges an Arbeit nähern.

Meine Notizen

Es gibt auch Leute, die sagen, es fehle ihnen die Zeit zur Umsetzung – dann wiederum ist es eine Frage des Plans und der Prioritäten. Dass Management eine einfache Kiste ist, habe ich im Übrigen nie behauptet ...

Auch gibt es Fälle, da gelangst du zur Erkenntnis: Es macht keinen Sinn und es wäre jetzt besser abzubrechen. Ja, das kann durchaus vorkommen – und dann ist es auch das Richtige. Denke nicht, man müsse zwingend IMMER alles zuende führen, nur weil man es einmal angefangen hat. Wenn deine Gesundheit dir zum Beispiel eindeutige Signale gibt, solltest du diesen nachgehen und zur Not das Projekt beenden. Es kann auch sein, dass das ursprünglich angestrebte Ziel mittlerweile gar nicht mehr interessant und erstrebenswert ist und du dich neuen Zielen widmest.

Ordentlich und effizient: der Controller

Als letztes möchte ich dir hier den Controller vorstellen. Der Controller in dir sorgt für Steuerung, Planung, Koordination und Kontrolle in deinem Unternehmen. Effizient, ordentlich und übersichtlich sind dann deine Finanzen und Projektabläufe. In dieser Rolle optimierst du Prozesse und standardisierst sie, damit du mehr in der gleichen Zeit schaffst. Du erstellst Checklisten und vermeidest emotionale Ausbrüche. Diese Sachlichkeit und Nüchternheit ist wichtig, denn erfolgreiches Arbeiten bedeutet nicht, härter zu arbeiten als andere, sondern cleverer. Sei ihnen einen Schritt voraus und reflektiere. Nimm dir am Ende eines Jahres eine ganze Woche Zeit, um zu schauen: Was ist gut gelaufen? Wie hat sich der Kundenstamm entwickelt? Was habe ich selbst gelernt? Was will ich nicht mehr (mit)machen – fachlich wie zwischenmenschlich? Warum habe ich Ziele nicht erreicht? Was könnte ich besser machen, um es beim nächsten Mal zu schaffen? Was nehme ich mir für das nächste Jahr vor? Mache dir bewusst, was du zu bieten hast und tritt entsprechend auf.

Und bei allem Stress: Ackere nicht nur, sondern genieße deine Zeit als Selbstständiger auch. Schaffe dir genügend Freiraum für Spaß. Zum einen im Arbeitsalltag selbst, zum Beispiel mit eigenen Projekten, die du angehst. Und zum anderen außerhalb der Selbstständigkeit, indem du dir Freizeit wirklich gönnst.

Meine Notizen

Denn das erhält dir die Lust an deinem Job. Andere Menschen nehmen deine positive Einstellung wahr und werden in deinen Bann gezogen. Denn mal ganz ehrlich: Wenn du als Kunde die Wahl hast, mit einem Dienstleister zusammenzuarbeiten, der Bock auf das hat, was er macht und einem Dienstleister, der missmutig und unmotiviert auftritt, ist doch klar, für wen du dich entscheidest ...

Richte es dir ebenso ein, dass du immer wieder über Strategien brüten und Brainstormings veranstalten kannst. Diese Art der Selbstüberprüfung ist sehr wichtig, um aus der eigenen Suppe herauszukommen und geistig flexibel zu bleiben. Nimm dir diese Zeit zu denken, denn damit wächst die Lust am Machen. Und Machen ist wichtig, damit wir unsere Ziele umsetzen. Ich mache dies zwischendurch sehr gerne, und gerade nach abgeschlossenen Groß-Projekten sind diese Reflexionsphasen sehr wichtig, um wieder neue Kraft für anderes schöpfen zu können. Am Ende eines Jahres richte ich mir eine Woche ein, in der ich auf das abgelaufene Jahr zurückschaue und resümiere, was gut gelaufen ist, was zu verbessern ist, wie ich mich in einzelnen Situationen gefühlt habe und wo ich im künftigen Jahr hinmöchte. Es ist wie beim Fitnesstraining: Nur wenn der Muskel zwischendurch auch pausiert, kann er wachsen.

Zu guter Letzt: Feiere deine Erfolge. Nur dann wird dir richtig bewusst, was du geleistet hast!

Meine Notizen

3| Wegbegleiter und ihre Sicht auf den Erfolg

I n den drei Jahren meiner Selbstständigkeit habe ich viele Menschen kennengelernt: Ansprechpartner auf Kundenseite, Mentoren, Kollegen, Netzwerkpartner, Kooperationspartner. Einige von ihnen möchte ich in diesem Kapitel zu Wort kommen lassen. Denn diese Unternehmer mit viel Berufserfahrung und großer Marktkenntnis haben mich auf meinem Weg eng begleitet, inspiriert und unterstützt. Was ist aus ihrer Sicht das Erfolgsgeheimnis, um als Freiberufler durchzustarten? Das habe ich sie gefragt – und hier sind ihre Antworten:

Christina Kuhn von *kuhnkorrekt* habe ich während meiner Zeit als Angestellter in der Agentur kennengelernt. Sie hatte sich damals als Freie für ein Projekt beworben. Als Beauftragter für alle Freelancer im Haus gab ich ihr den Zuschlag für den Job. Seit ich selbst Freiberufler bin, sehen wir uns häufig beim Heldentreff oder in gemeinsamen Projekten für Kunden und tauschen uns regelmäßig aus.

Christina sagt: „Ich habe mich 2004 aus einer Festanstellung heraus selbstständig gemacht – und es nicht einen Tag bereut. Da ich einen Großteil meiner Zeit mit Arbeiten verbringe, soll mich diese erfüllen und mir keine Bauchschmerzen bereiten. Die Mehrheit fühlt sich in einer sicheren Festanstellung besser aufgehoben. Und dann gibt es Menschen wie uns, für die das gar nichts ist. Deshalb lautet mein wichtigster Rat an alle, die sich selbstständig machen wollen: unbedingt machen und sich nicht vom Typ „Festanstellung" von seinen Plänen abbringen lassen.

Inhaltlich rate ich allen Selbstständigen, immer offen für Neues zu sein. Im Laufe der Jahre habe ich mein Portfolio dem Markt entsprechend regelmäßig erweitert. Es reicht vom klassischen Lektorat, Korrektorat und Producings für Verlage bis hin zu

Textarbeiten und Online-Redaktion für Agenturen. Mein Kunden-stamm ist entsprechend groß geworden – und ebenso die tägliche Abwechslung, die meine Arbeit ausmacht und die ich sehr liebe.

An Daniel haben mich das Engagement und die Zielstrebigkeit, mit denen er seine Selbstständigkeit angegangen ist, sehr beeindruckt. Von Anfang an war er sich seines Könnens bewusst und hat sich nicht unter Wert verkauft – und genau so soll es sein."

An sich und seine Idee glauben

Auch meine Ehefrau und Journalistenkollegin **Daniela Lukaßen-Held** ist schon länger als ich selbstständig. Seit über sechs Jahren ist die Expertin für Storytelling und Pressearbeit am Markt. Sie beschäftigt sich als Journalistin mit den Themen Neue Arbeitswelten und Karriere und geht als einem weiteren Themenschwerpunkt der Frage nach, wie sich die Digitalisierung auf unsere Gesundheit auswirkt. Danielas Rezept für eine gelungene Selbstständigkeit: „Um als Freiberufler erfolgreich zu sein, ist es wichtig, dass du an dich und deine Idee glaubst, dass du deine Fähigkeiten und Kompetenzen kennst und genau weißt, dass du dich darauf verlassen kannst. Es bringt nichts, blind in die Selbstständigkeit zu starten, sondern es bedarf einer gewissen Vorbereitung."

Daniela hat ihre eigenen Kunden, und manchmal realisieren wir Projekte auch gemeinsam. „Daniel hat mir gezeigt, dass man sich auf voller Linie treu bleiben muss. Auch wenn es darum geht, Preise zu kalkulieren: dass man sich auf keinen Fall unter Wert verkauft. Er ist jemand, der ganz klar weiß, was er will und wie er das erreicht. Dazu gehört auch, dass er Geschäftsmann ist. Eine Fähigkeit, die nicht viele Selbstständige in unserem Metier haben. Gerade dieses Wissen, dass man als Selbstständiger immer auch Geschäftsmann oder Geschäfts-frau ist, ist ein Punkt, den viele selbstständige Journalisten und Redakteure erst lernen müssen."

„Selbstständigkeit ist ein kleiner Kampf"

Einer, der das auch verinnerlicht hat, ist **Timo Stoppacher**. Auf ihn bin ich durch seinen Blog *Fit für Journalismus* aufmerksam geworden. Nach persönlicher Kontaktaufnahme besuchte er meinen Heldentreff und ist dort seitdem gern gesehener Stammgast. Timo schreibt in erster Linie zu Technikthemen, gibt Seminare und Schreibtrainings, und er hat auch bereits Bücher geschrieben.

Zwei Jahre hatte er zudem die Funktion als stellvertretender Landesvorsitzender im Deutschen Journalisten-Verband Nordrhein-Westfalen inne. Er sagt: „Als Selbstständiger ist man in der Regel zunächst Einzelkämpfer. Ohne Übertreibung: Selbstständigkeit ist ein kleiner Kampf. Man kämpft mal mit dem inneren Schweinehund, mal mit dem Finanzamt, mal mit den Kunden oder mal mit der Technik. Und viele Selbstständige führen diese Kämpfe, aber nur wenige reden darüber mit anderen Selbstständigen. Jammern ist ja in unserer Gesellschaft einigermaßen verpönt. Es sei denn, es geht ums Wetter oder um Krankheiten … Mir hat es in den ersten Jahren meiner Selbstständigkeit sehr geholfen, andere zu kennen, die in der gleichen Situation waren: Einzelkämpfer im Home-Office mit wenig persönlichem Kontakt zu den Kunden."

Und wie hat er diese gefunden? Hier kommt wieder der Faktor Beziehungen zum Tragen: „Schon lange vor meiner Selbstständigkeit habe ich mir ein Netzwerk aufgebaut. Darin sind Kommilitonen, ehemalige Kollegen, Leute aus dem Journalisten-Verband, frühere Interviewpartner, Social-Media-Kontakte und so weiter. Naturgemäß hat man in einer neuen Situation Fragen. So auch als frischgebackener Selbstständiger. Mein Netzwerk hat mir oft Antworten geliefert, bei einfachen Fragen meistens ganz schnell. Es kommt dabei jedoch nicht drauf an, mit möglichst vielen Leuten ‚vernetzt' zu sein, sondern mit den richtigen." Doch, wer sind denn nun die Richtigen? „Schwierige Frage. Es zählt zunächst Sympathie und Kontinuität. Aber bitte nicht anbiedern und andere nicht ständig nerven. Wer kein Spaß am Umgang mit anderen Menschen hat, der sollte sich nicht dazu gezwungen fühlen."

Klasse statt Masse, so lautet das Motto von Timo. „Qualität statt Quantität – das ist es, was bei(m) Netzwerken zählt. Dann hilft das Netzwerk einem wirklich weiter, bis hin zur Akquise. Das ist ein Geben und Nehmen. Ich habe schon viele Leute aus meinem Netzwerk an Kontakte vermittelt, die Bedarf an deren Fähigkeiten hatten. Umgekehrt habe ich ohne eigenes Zutun viele Aufträge vermittelt bekommen, einfach weil ich Leute kannte – und diese wussten, was ich tue. Insofern sollte man im Netzwerk wissen, was der andere kann und macht – und natürlich müssen andere wissen, was ich kann und mache. Dafür wiederum sind Xing-Profile, eigene Webseiten und Blogs und so weiter ideal, wenn sie die eigene Kompetenz aufzeigen und durch Arbeitsproben bestärken. Doch Achtung: Empfehlungen fallen immer auf denjenigen zurück, der sie ausgesprochen hat. Insofern gebe ich mir besonders viel Mühe, wenn ich empfohlen wurde und empfehle nur jemanden weiter, wenn ich mir sicher war, dass das passt. Oder ich sage klipp und klar, dass ich nur Vermittler bin, aber keine Empfehlung abgeben kann.“

Und noch einen Hinweis gibt er weiter: „Ein Netzwerk darf nicht beliebig sein. Hunderte Xing- oder LinkedIn-Kontakte nutzen nichts, wenn das alles nur Kontaktesammler sind. ‚Sehr geehrter Herr Stoppacher, wollen wir uns vernetzen?‘ Wenn ich so eine Kontaktanfrage von einem Unbekannten kriege, lautet die Antwort Nein. Denn es gibt keinen Anhaltspunkt, an den man die Fäden des Netzwerks knüpfen kann. Bei solchen Kontakten kann ich nicht den Austausch und die Unterstützung erwarten, die mir ein echtes Netzwerk bietet, das auf Qualität basiert. Und selber leisten will ich diese Unterstützung da auch nicht. Denn schließlich möchte ich ja auch wieder einen Nutzen aus dem Netzwerk haben und meine Fragen beantwortet bekommen.“

Vier Hauptzutaten für das Erfolgsrezept

Ursula Neumann habe ich zu Beginn des Buches schon vorgestellt. Sie hat mich in die Gründung geführt und mit ihrer unkonventionellen und erfrischend positiven Art begeistert. Sie sagt: „Als Unternehmensberaterin habe ich in elf Jahren Selbstständigkeit am Standort Köln viele Menschen aus den Freien Berufen beraten, begleitet und gecoacht. Meiner Erfahrung nach sind die beiden Haupt-zutaten des Erfolgsrezeptes: eine überzeugende Geschäftsidee mit Zukunftspotenzial am Markt, gewürzt mit einer reflektierten und kommunikativen Persönlichkeit. Hinzu kommt eine ordentliche Portion Hartnäckigkeit und ein langer Atem. Denn in der Regel dauert es einige Jahre, um sich in der eigenen Branche und Kundschaft den „ersten Stern" zu erarbeiten und mit dem „eigenen Süppchen" zu überzeugen.

Ich möchte alle Selbstständigen dazu ermutigen, ihren eigenen Stil der Präsentation und im Kontakt mit der Kundschaft und mit Geschäftspartnern zu pflegen. Die Freiberuflichkeit ist eine Einladung, nur solche Geschäfte zu machen, hinter denen Sie selbst stehen können. Und das zu tun, wofür Sie stehen. Auf authentische Art und Weise. Das macht zufrieden und stiftet Sinn.

Daniel hat mich sofort mit seiner freundlichen und positiven Persönlichkeit begeistert. In unseren Gesprächen hat mich dann seine Ehrlichkeit in der Selbstreflektion beeindruckt. Ohne sich zu schonen, erbat er Feedbacks zu seinen Stärken und Schwächen auch von Menschen, die ihm gegenüber kritisch eingestellt waren. Das nenne ich nicht nur mutig, sondern auch klug. Außerdem spielt er super Tischtennis ..."

„Heute liebe ich meinen Job wirklich"

Mit der Diplom-Designerin **Emina Hamzić** stehe ich ebenfalls seit einigen Jahren im regen Austausch. Auch sie war Angestellte, bevor sie sich selbstständig gemacht hat. Und so ist ihr Weg verlaufen: „Während ich in einer Festanstellung gearbeitet habe, war der Gedanke, Freiberuflerin zu werden, oft präsent. Ich stellte mir die Frage: ,Wäre es nicht schön, mein eigener Chef zu sein?' Am Anfang musste ich lernen, Geduld zu haben, bis die Flut an Aufträgen kam. Die Ebbephase zu Beginn nutzte ich, um mich auf den verschiedensten Veranstaltungen und Meet-Ups weiterzubilden und Kontakte zu knüpfen. Auf so einer Veranstaltung traf ich Daniel, mit dem ich gleich auf einer Wellenlänge lag. Der Austausch mit ihm half mir auch, mich von anfänglichen Zweifeln zu lösen. Durch unsere Gespräche wurde mir bewusst, dass ich mit meinen Fragen und Gedanken nicht alleine dastand, was mich in meiner Entscheidung noch mehr bestärkte, diesen Weg konsequent zu gehen.

Aus heutiger Sicht kann ich sagen, dass ich durch die Freiberuflichkeit meine Arbeit so ausführen kann, wie ich es mir immer gewünscht habe. Freiberuflich zu arbeiten, bedeutet für mich, meine Kreativität frei entfalten zu können, wann und wo ich möchte. Gerade in meinem Beruf als Designerin für visuelle Unternehmensauftritte (Logo, Corporate Designs, Webseiten und so weiter) lässt sich Kreativität nicht auf Knopfdruck anwenden, denn Kreativität ist frei von Raum und Zeit, somit auch frei von geregelten Arbeitszeiten.

An meinen heutigen Arbeitsergebnissen merke ich, wie viel effizienter ich durch die freie Zeiteinteilung bin. Neben dem selbstständigen und unabhängigen Arbeiten war es vor allem der Anspruch, mit den Ergebnissen meiner Arbeit zufrieden zu sein, was ich unter anderem durch meine eigenständige Projektaufteilung und Projektplanung erreiche. Aus diesen Beweggründen schöpfe ich nicht nur viel Motivation, sondern auch neue Aufträge, welche ich zum Großteil durch Weiterempfehlung meiner Kunden erhalte. Am Ende zählen die Ergebnisse, und wenn diese meine Kunden glücklich machen, dann bin ich es mit meiner Arbeit auch.

Zusammengefasst kann ich sagen, dass es eine der besten Entscheidungen war, den Schritt in die Freiberuflichkeit zu wagen. Was mir früher immer bei der Arbeit gefehlt hat, habe ich heute gefunden. Heute kann ich ehrlich und voller Begeisterung sagen, dass ich meinen Job liebe, nicht mag, sondern wirklich liebe!"

Matthias Barth habe ich im Buch schon erwähnt. Er ist ebenfalls Designer und lebt mittlerweile in Augsburg. Matthias berichtet: „Wenn mir jemand vor zehn Jahren gesagt hätte, dass ich später mal als freiberuflicher Markenentwickler arbeiten würde, hätte ich nur mit dem Kopf geschüttelt. Freiberufler? Das sind doch die, die jeden Monat ums Überleben kämpfen und nur mit Mühe und Not über die Runden kommen."

Zahlen aus dem Honorar- und Gehaltsreport 2014 des BDG besagen, dass knapp 48 Prozent aller Kreativen von ihrem Einkommen nicht leben können. Der Statistik aus seinem Berufskreis hat Matthias getrotzt und 2014 den Schritt ins Freiberuflertum gewagt. Und diesen keinen Tag bereut. „Wenn du einmal die Freiheit geschnuppert hast, selbst über deine Zeit, deine Kunden und deine Arbeit bestimmen zu können, willst du nie wieder zurück. Und auch finanziell hat sich der

Schritt für mich ausgezahlt. Doch ich weiß, dass das keine Selbstverständlichkeit ist. Und es war auch nicht alles einfach: Es gab Durststrecken, Phasen der Überforderung, Zukunftsängste und finanzielle Fehlentscheidungen, die die ersten beiden Jahre zur Achterbahnfahrt gemacht haben. Doch all das gehört dazu und sollte dich nicht von deinem Ziel abbringen. Du solltest nur vorbereitet sein." Und deshalb hat er einige Tipps parat: „Du verbringst erstaunlich viel Zeit im Jahr mit Dingen, die du niemandem in Rechnung stellen kannst: Organisation, Recherche, Akquise, Fahrten, Veranstaltungen, Fortbildung, Korrekturen, Serviceleistungen, Netzwerken und so weiter. Und wenn du dich als Angestellter an so Annehmlichkeiten wie Wochenenden, Feiertage, Feierabend und Urlaub gewöhnt hast, solltest du die auch in deiner Kalkulation berücksichtigen.

Ich rechne daher nur mit 800 Stunden, die ich im Jahr tatsächlich verrechnen kann. Dieser Wert kann bei dir individuell etwas höher oder niedriger ausfallen. Wenn du jedoch mit deutlich über 1.000 Stunden rechnest, bist du auf dem besten Weg zur Selbstausbeutung.

Aus eben genannter Rechnung ergibt sich auch, dass dein Stundenlohn keinesfalls zu niedrig ausfallen darf. Wenn du noch keine Erfahrung hast, bist du versucht, eine einfache Milchmädchen-Rechnung aufzumachen: 30 Euro Stundenlohn x 160 Arbeitsstunden = 4.800 Euro im Monat. Klingt doch erstmal super, oder? Realistisch ist jedoch gerade einmal die Hälfte dieser Summe. Deshalb solltest du für Löhne unter 60 Euro die Stunde als Profi niemals arbeiten. Du ziehst sonst nur ‚Billigheimer' als Kunden an, kommst nur schwer über die Runden und wirst damit auf Dauer nicht glücklich."

„Nein" als wichtigstes Wort

Vier Buchstaben, die sehr mächtig sein können. Auch das hat Matthias im Laufe der Zeit als Selbstständiger erfahren: „Das wertvollste Wort als Freiberufler ist Nein. Nein zu schlechten Kunden. Nein zu Preisverhandlungen. Nein zu Arbeiten, die du nicht machen willst. Nein zu Sonderwünschen, die nicht vereinbart waren. Nein zu allem, was deinen Zielen und Wünschen entgegenläuft. Ich habe am Anfang gedacht, Nein sagen muss man sich leisten können. Wenn dein

Einkommen knapp ist, musst du schließlich auch schlechte Arbeit annehmen, oder? Inzwischen weiß ich, dass der Zusammenhang genau umgekehrt ist: Wenn dein Einkommen zu niedrig ist, dann sagst du nicht oft genug Nein. Lerne, Nein zu sagen, und es wird mit deinem Geschäft bergauf gehen."

Ja sagen jedoch will ebenso gelernt sein. Zum Beispiel zu Fortbildungen. Deshalb der Rat von Matthias: „Die beste Investition, die du machen kannst, ist immer die in dich selbst. Denn sie bringt dir lebenslang Rendite. Und selbst wenn du mal keinen unmittelbaren Nutzen aus einer Investition ziehen kannst, zahlt sie sich später eigentlich immer irgendwann aus.

Plane in deine Kalkulation deshalb ein großzügiges Budget für Fortbildungsmaßnahmen sein. Auch ein teures Fachseminar oder Coaching sollte für dich kein Tabu sein. Für mich haben sich solche Investitionen immer gelohnt. Entweder, weil ich wertvolle Kontakte gewonnen habe oder Erkenntnisse, auf die ich allein lange nicht gekommen wäre.

Daniels Heldentreff ist sicher eine erstklassige Anlaufstelle zum Erfahrungsaustausch. Ich habe es selbst noch nicht geschafft, dabei zu sein. Als Münchner war mir der Weg bisher zu weit, und ich habe hier mein eigenes Netzwerk. Ich wünsche dir, lieber Leser, viel Erfolg für deine Selbständigkeit! Denn es ist die Aufgabe eines jeden Unternehmers, die Welt zu gestalten und Mehrwert für andere zu schaffen. Kann es einen besseren Job geben?"

Checkliste:
Alle Tipps und Links im Überblick

BAFA Förderung unternehmerischen Know-hows –
http://bit.ly/2FLKTUM

Barcamp Köln – www.barcamp.koeln

Barcamps im Allgemeinen – www.barcamp-liste.de

Beantragung von Fördermitteln – www.foerderdatenbank.de

Beratungsprogramm Wirtschaft NRW (BPW), NRW. Bank –
www.nrwbank.de, Förderprodukte

Bloggerin Sandra Stabenow – www.frau-frei-und.de – und die Info-
grafik „Sollte ich kündigen" – www.frau-frei-und.de/sollte-ich-kuendi-
gen-unsere-infografik-verraet-es-euch

Bloggerin und Texterin Lilli Koisser – www.lettersblog.de

Buch-Coachin Katja Glöckler – www.schreibpower.de

Coworking-Spaces in Deutschland – www.coworking.de

„Der Ratgeber Selbstständige" von mediafon – mediafon.net

Designerin Emina Hamzić – www.impulselement.de

Designer und Markenentwickler für junge Marken Matthias Barth – www.startworks.de

Fachbeiträge zur Freiberuflichkeit – www.freiberufler-werden.de

Felix Bauer, E-Commerce-Berater und SEO-Experte – www.felix-bauer.de

Google My Business – www.google.de/business/go

Gründungsberaterin Ursula Neumann – www.ursulaneumann.de

Interviewreihe, Blog und persönlicher Workshop für Gründer – www.super-work.com

Journalistin und Expertin für Storytelling und Pressearbeit Daniela Lukaßen-Held – www.lukassen-held.de

Künstlersozialkasse – www.kuenstlersozialkasse.de

Medienstammtisch Heldentreff von Daniel Held – www.heldentexte.de/heldentreff

Neues Unternehmertum Rheinland (NUK) – www.neuesunternehmertum.de

Online-Blog für Freelancer – www.freelance-start.de

Portal für Gründer – www.fuer-gruender.de

Ratgeber-Broschüre GründerZeiten Nr. 17, Existenzgründungen durch freie Berufe - http://bit.ly/2kGzkbb

Roman Bracht Fotografie – www.bracht-fotografie.de

Sebastian Kraus, Kraus-Kopf Werbetexte –
www.kraus-kopf-werbetexte.de

Self-Publisher-Verlag tredition – www.tredition.de

Startercenter NRW – www.startercenter.nrw.de

Startercenter Stadt Köln und Amt für Wirtschaftsförderung –
www.stadt-koeln.de/wirtschaft/startercenter

Technik-Journalist Timo Stoppacher – www.timo-stoppacher.de

Verband der Gründer und Selbstständigen – www.vgsd.de

VG. Wort, Verwertungsgesellschaft Wort – www.vgwort.de

Web de Cologne mit Startup Breakfast – www.webdecologne.de

Webdesigner, Programmierer und Blogger Peer Wandiger –
www.selbstaendig-im-netz.de

Web-Entwickler Robert Bickmann – www.webaffin.de

Website Daniel Held – www.heldentexte.de

Danke!

Vielen Dank an meine Lektorin Daniela Lukaßen-Held, die als meine Frau gleichzeitig jeden Tag mein privates und berufliches Glück multipliziert. Danke auch an alle, die ihre Erfahrungen aus der Selbstständigkeit mit meinen Lesern teilen, danke an Matthias Barth für das Buchcover und die Gestaltung des Umschlags, an meinen Fotografen Roman Bracht für das Porträtbild und an Sebastian Kraus für die Unterstützung. Außerdem danke ich den Teilnehmern des Heldentreff und dem festen Kern an Unterstützern, die sich jedes Mal auf den nächsten Stammtisch freuen. Mit euch ist es wunderbar!

Allen Kunden und Kollegen, die meinen unternehmerischen Alltag begleiten und bestimmen, mit Rat und Tat zur Seite stehen, ein offenes Ohr haben, sich austauschen und Denkanstöße liefern, ihnen allen wünsche ich viel Erfolg und weiterhin schöne gemeinsame Momente.

Ohne Katja Glöckler wäre dieses Buch niemals entstanden. Die Buchcoachin hat mich mit ihren Videos in ihrer Online-Konferenz „SchreibPowerTage" so umfassend über das Bücherschreiben informiert und inspiriert, dass ich meinen Plan vom Buch einige Jahre vorgezogen habe, um über die Selbstständigkeit zu schreiben. Top – und danke dafür, Katja!

Über die Online-Videos bin ich auch an meinen Verlag gekommen. Tredition vereint die Freiheiten des Self-Publishings mit aktiver Vermarktung sowie Service- und Produktqualität eines Verlags. Das gesamte Corporate Behaviour (Unternehmensverhalten) hat mich bereits im Vorfeld restlos überzeugt. Dieser gute Eindruck bestätigte sich dann auch in unserer fruchtbaren Zusammenarbeit.

Last but not least danke ich meiner Familie. Zwar ward ihr von Beginn an skeptisch, was meine Selbstständigkeit angeht. Doch habt ihr die beste Entscheidung meines Lebens mitgetragen und ward jederzeit interessiert daran, wie mein Unternehmen sich entwickelt. Das ist toll! Jetzt kann ich mich an Weihnachten wieder voll auf euch konzentrieren ...

Literaturverzeichnis

Brehl, Jens: *Mein Weg aus dem Burnout* – Pomaska-Brand Verlag, 2013, Schalksmühle

Bruns, Catharina u. a.: *Frei sein statt frei haben – Mit den eigenen Ideen in die kreative berufliche Selbstständigkeit* – campus Verlag, 2016, Frankfurt/M.

Bruns, Catharina: *work is not a job – Was Arbeit ist, entscheidest du!* – campus Verlag, 2013, Frankfurt/M.

Förster, Anja und Kreuz, Peter: *Alles, außer gewöhnlich – Provokative Ideen für Manager, Märkte, Mitarbeiter* – Econ Verlag, 2007, Berlin

Förster, Anja und Kreuz, Peter: *Nur Tote bleiben liegen – Entfesseln Sie das lebendige Potenzial in Ihrem Unternehmen* – Pantheon Verlag, 2014, München

Förster, Anja und Kreuz, Peter: *Spuren statt Staub – Wie Wirtschaft Sinn macht* – Econ Verlag, 2008, Berlin

Förster, Anja und Kreuz, Peter: *Zündstoff für Andersdenker* – Murmann Publishers GmbH, 2017, Hamburg

Gálvez, Cristián: *Logbuch für Helden – Wie Männer neue Wege gehen* – Knaur Verlag, 2014, München

Mahlodji, Ali: *Und was machst du so?* – Econ Verlag, 2017, Berlin

Prof. Dr. Faltin, Günter: *Kopf schlägt Kapital* – dtv Verlagsgesellschaft, 2017, München

Scheddin, Monika: *Erfolgsstrategie Networking* – Allitera Verlag, 2013, München

Schettler, Marcel: *Der Anti-Stress-Trainer für Selbstständige* – Springer Gabler, 2017, Wiesbaden

Tissot, Sandra: *Hochsensibilität und die berufliche Selbstständigkeit* – dielus edition, 2017, Leipzig

Trinkwalder, Sina: *Im nächsten Leben ist zu spät: Ärmel hochkrempeln, Probleme lösen, glücklich sein* – Knaur Verlag, 2017, München

www.ingramcontent.com/pod-product-compliance
Lightning Source LLC
La Vergne TN
LVHW022346060326
832902LV00022B/4273